Wo Köche essen gehen

hamburg

Die Lieblingsrestaurants der Profis

COMPANIONS

inhalt

vorwort	3
asiatisch	5
deutsch	11
französisch	17
gourmet	22
international	29
italienisch	39
neue küche	50
orientalisch	61
spanisch & portugiesisch	65
vegetarisch	71
restaurants von a bis z	75
stadtteile	76
draußen sitzen	78
essen nach 24 uhr	79
impressum	80

Die Kochmützen kennzeichnen die Top-Restaurants der Stadt

vorwort

Liebe Leserin,
lieber Leser,

die Zeiten, in denen man in deutschen Landen Essen ging, um vor allem gutbürgerliche und möglichst üppige Portionen zu verspeisen, sind längst passé. Man unternimmt weite Reisen und weiß die Raffinessen fremdländischer Kochkunst und die Vorzüge leichter Speisen zu schätzen.
Doch wohin soll's gehen, wenn Ihnen der Sinn nach einem wirklich guten Essen steht und es nicht schon wieder das Lieblingsrestaurant um die Ecke sein soll?

Wer wäre besser geeignet, diese Frage zu beantworten, als die Experten an Töpfen und Pfannen? Wir haben 200 Köche in Hamburg und Umgebung nach ihren gastronomischen Favoriten befragt. Kurz und pointiert zusammengefasst wurden die Geschmacksurteile der Profis von Cornelia Wend. Die Gastro-Kennerin hat zudem selbst an etlichen Tischen Platz genommen und zahllose Speisefolgen einem kritischen Gaumentest unterzogen.

Und weil zu einem guten Mahl ebenso wie zu einer gelungenen Inszenierung auch die passende Kulisse gehört, flossen in die Bewertung auch das Ambiente und das Publikum ein.

Davidoff Cigarettes wünscht Ihnen
genussvolle Stunden in den Lieblingsrestaurants der Profis

asiatisch

Raw like sushi

Der englische Name zeigt, wo es langgeht. Das Etablissement im Uniworld setzt sich von der traditionellen Ausrichtung anderer japanischer Lokale deutlich ab. Das zeigt sich vor allem in dem für ein Sushi-Restaurant ungewöhnlichen Interieur: Die Bar im Eingangsbereich ist ganz in dämmriges Rot getaucht. Tiefblaue Wände und ein wenig Gold sorgen für den Szene-Touch. Das trendgemäße Styling macht vor der Küche jedoch halt: Die Sushis werden von einem echten Sushi-Meister auf bewährte traditionelle Art angefertigt, und das Publikum kann ihm dabei zusehen. Es empfiehlt sich ein kleines Menü, z.B. Bento Maki: Vorweg gibt es eine stärkende Miso-Suppe und dann den rohen Fisch in verschiedenen Variationen auf einem Holzbrett. Dazu passt ein fruchtiger Weißwein, wie der offene Chardonnay.

Grindelallee 134,
Uniworld,
Tel. 45 79 31,
Mo-So 19-24 Uhr.
Bento Maki DM 25
Bento II DM 28
0,2 Chardonnay DM 10

Tao

Das ruhige Restaurant in zentraler Lage behauptet eine Ausnahmestellung unter den Chinesen – kein Kitsch aus Fernost, keine Glutamatsaucen. Das „Tao" ist ein „Edel-Chinese". Das Interieur ist kühl, die Atmosphäre gedämpft, Stammgäste werden vom Eigner-Ehepaar King mit besonderer Aufmerksamkeit bedacht. Allerdings serviert der Service mit einer Eile, die an Hast grenzt: Auf die Vorspeisen, z.B. Twin Rolls (eine Art Frühlingsrolle), folgt prompt das Hauptgericht - Rinderfilet mit Bambussprossen mit feiner Soja und Knoblauch-Note oder Hühnchen mit Cashewkernen in einer feurigen Sauce. Die Gerichte schmecken frisch und sind fein abgeschmeckt. Kühne Kreationen wird man hier vergeblich suchen, aber immerhin werden traditionelle Gerichte auf moderne und manchmal überraschende Art verfeinert.

Poststr. 3,
Neustadt,
Tel. 34 02 30,
Mo-Sa 12-14.30 u.
18-23 Uhr.
Twin Rolls DM 15
Rinderfilet mit Bambussprossen DM 35
Gebackene Bananen DM 12

asiatisch

Yamato

Das Restaurant in der Nähe des Hauptbahnhofs erfreut sich auch bei Japanern großer Beliebtheit – ein zuverlässiger Qualitäts-Indikator. Nach dem fernöstlichen Aperitif, einem Reiswein, der im Holzwürfel serviert wird, kann man sich an der Sushi-Theke von der Kunstfertigkeit des Sushi-Meisters überzeugen. Doch im „Yamato" werden auch ausgefallenere Wünsche befriedigt, z.B. mit „Ika Uniae" (roher Tintenfisch in Seeigelpaste). Und ein mit Sojasauce glasierter Aal im Reiskästchen eröffnet garantiert neue Geschmackswelten.

Ernst-Merck-Str. 4, St. Georg, Tel. 24 79 04, Mo-Fr 12-14.30, So-Fr 18-23 Uhr. Ika Uniae (Roher Tintenfisch mit Seeigelpaste) DM 9 Unajyu (Aal im Reiskästchen) DM 28

Manee Thai

Der Ausflug nach Blankenese lohnt sich. Blattgold ziert die Lampen vor den weiß gekalkten Wänden, Paravents und Orchideengestecke schaffen den passenden Rahmen für die gehobenen Genüsse. Die Küche arbeitet zwar mit den Gewürzen und Zutaten Asiens, kommt dem europäischen Gaumen jedoch beispielsweise bei den Desserts entgegen. Spezialität des Hauses: die auf einem mit Koriander gewürzten Gurkensalat arrangierten Garnelenfrikadellen.

Am Klingenberg 34, Blankenese, Tel. 86 44 84, Mo, Mi-Sa 18-22.30, So 12-15 u. 18-22 Uhr. 6-Gang-Menü DM 98 Garnelenfrikadellen mit Gurkensalat DM 18,50

Sai Gon

Sonnengelb leuchten die Wände, und Nischen mit Durchblicken ins Restaurant sorgen für genau das richtige Maß an Intimität. Die in Landestracht auftretenden Kellnerinnen geben dem kleinen Lokal den exotischen Touch. In der vietnamesischen Küche wird nicht an frischen Kräutern gespart, das verleiht den Gerichten ihren besonderen Charakter. Besonders delikat: „Sommerrollen" und Rindfleisch im Lotblatt mit Ingwer und Knoblauch. Wer ein Dessert möchte, sollte sich rechtzeitig melden, denn um 23 Uhr könnte es schon zu spät sein.

Martinistr. 14, Eppendorf, Tel. 46 09 10 09, Mo-So 12-16 u. 17-23.30 Uhr. Sommerrollen DM 14,50 Rindfleisch im Lotblatt (Blatt der Betelnuss) DM 27,50

asiatisch

Bok

Die Bok-Familie wächst weiter. Mittlerweile ist der erfolgversprechende Name als internationales Warenzeichen registriert. Die Küche halb Asiens wird in der neuesten von inzwischen fünf Hamburger Filialen serviert – die Karte verzeichnet Spezialitäten aus Korea, Japan und Thailand, und sie wird trotz des großen Angebots in verlässlich guter Qualität geboten. Das Lokal ist in besonders schönen Räumen untergebracht. Aus einer ehemaligen düsteren Kneipe wurde dank aufwendiger, liebevoller Renovierung eine helles, stilvolles Lokal. Es gibt natürlich Sushi, eine Thai-Hühnersuppe mit Kokos oder ein koreanisches „Familenglück" (div. Fleischsorten, Hummerkrabben, Tintenfisch, Gemüse in scharfer Sauce). Achtung: Für einen gemütlichen Abend ist dies der falsche Ort, es herrscht hektische Betriebsamkeit, und Pausen zwischen den Gängen sind nicht vorgesehen.

Schulterblatt 3,
Schanzenviertel,
Tel. 43 18 35 97,
Mo-So 12-24 Uhr.
Thai-Hühnersuppe DM 7
Bento (Miso-Suppe, diverse Sushi) DM 28
„Koreanisches Familienglück" DM 26,50

Galerie Tolerance

Der französische Name zeugt von der Rotlicht-Vergangenheit des Hauses, die Küche jedoch ist original thailändisch. Seit Jahren schon zählt das kleine Restaurant zu den besten seiner Art. Folkloristischen Tand gibt es hier nicht, man sitzt ganz rustikal vor einer unverkleideten roten Ziegelwand. Die Küche macht keine Zugeständnisse an europäische Gaumen, was als „scharf" deklariert wird, schmeckt auch so! Die scharfe Kokossuppe wird mit Zitronengras aromatisiert, und die gemischten Vorspeisen, diverse ausgebackene Kleinigkeiten, muss der Gast unter einem Berg frittierter Glasnudeln hervorziehen. Das erfordert Geschicklichkeit, wird aber belohnt. Danach ist „Pad Ped" eine gute Wahl: verschiedene Fleischsorten mit frischen Thai-Bohnen in scharfer Sauce.

Lerchenstr. 103,
Schanzenviertel,
Tel. 43 73 30,
Di-Sa 17.30-24 Uhr.
Kokossuppe DM 8
Gemischte Vorspeisen für zwei Personen DM 22
Ente in Kokosmilch mit rotem Curry DM 26

asiatisch

Man Wah

Der Kiez-Chinese ist für manche Kult, und die Wan-Tan-Suppe hat viele treue Fans. Nüchterner betrachtet bietet das Lokal am Spielbudenplatz das Übliche. Besonderheiten sind nur schwer zu finden, denn die Spezialkarte ist auf Chinesisch abgefasst. Aber Entenfüße oder Rinderblättermagen sind ohnehin nicht jedermanns Sache. Die meisten deutschen Gäste wählen eins der vielen nummerierten Gerichte und sind zufrieden. Die zahlreichen Vorspeisen kommen in bewährter Qualität, und auch die knusprige Ente auf kantonesische Art entspricht den Erwartungen.

Spielbudenplatz 18,
St. Pauli, Tel. 319 25 11,
Mo-So 12-3 Uhr.
Wan Tan Suppe DM 6
Krabbenklößchen
DM 6,50
Ente kantonesische Art
DM 23,50

Sala Thai

Der Zugang zum Restaurant ist originell gestaltet: Der Gast gelangt über eine Holzbrücke, unter der sich Goldfische in einem kleinen Bassin tummeln, in das verschachtelte, mit Bambus geschmückte Lokal. Es gibt viele Nischen, in denen die Gäste in aller Ruhe die schön gestaltete Karte studieren können. Darauf sind z.B. exotische Gemüsesuppen mit Huhn, Lammcurry mit Erdnüssen oder Rindfleisch mit rotem und grünem Chili zu finden. Leider tritt der Service manchmal allzu routiniert und unpersönlich auf.

Brandsende 6, Altstadt,
Tel. 33 50 09, Mo-So 12-15 u. 18-24 Uhr.
Exotische Gemüsesuppe
DM 8,90
Lammcurry DM 25,80
Scharfes Rindfleisch mit
Chili DM 25

Wa-Yo

Das Nippon Hotel wird vor allem von japanischen Geschäftsleuten aufgesucht. Aber der kühle, elegante Rahmen und die ausgezeichnete Küche verführen auch manchen Feinschmecker zum Besuch des Restaurants. Kenner wählen vorweg Miso-Suppe und Sushi-Variationen und im Anschluss ein großes Tempura-Set aus Garnelen und Gemüse. Der Service ist freundlich, aber sehr zurückhaltend.

Im Nippon-Hotel, Hofweg
75, Uhlenhorst, Tel. 227
11 40, Di-So 18-23 Uhr.
Sushi DM 7,50-11,50
Tempura Set DM 43,50
Eis aus grünem Tee
DM 9,50

asiatisch

Matsumi

Colonnaden 96,
Neustadt,
Tel. 34 31 25,
Mo-Sa 12-14 u.
18-22 Uhr.
Teami (Sushi) DM 16
Wappanabe DM 38
Teppanyaki DM 37

Hideaki Morita ist ein Künstler am Herd. Im „Matsumi" ist alles ein bisschen anders und besser, dafür natürlich auch ein bisschen teurer als anderswo. Sushi und Sashimi kommen als leuchtende Kunstwerke auf den Tisch, „Wappanabe", ein Gemüseeintopf, wird im Papiertopf serviert, die Teppanyaki-Gerichte werden direkt am Tisch gegrillt. Nur sein Rezept für den berüchtigten Kugelfisch muss der Meister für sich behalten – die Zubereitung ist in Deutschland nicht erlaubt.

Sinoma

Im Levantehaus,
Mönckebergstr. 7,
Altstadt,
Tel. 32 52 62 16,
Mo-So 11-23 Uhr.
Seequallensalat
DM 26,50
Ba-Bo-Platte DM 28
Gebackenes Eis DM 9,50

Allein das Levante-Haus, Hamburgs edler Neuzugang unter den Passagen, ist schon einen Besuch wert. Das chinesische Restaurant mit dem mannsgroßen goldenen Buddha am Eingang ist ein weiteres Argument, um nach der Einkaufstour einzukehren. Die Küche bemüht sich jedoch nicht nur um hungrige City-Shopper, sondern widmet sich auch dem anspruchsvolleren Feinschmecker, der das Besondere sucht. Es muss ja nicht unbedingt gleich Quallensalat sein. Ein Gericht namens „Ba-Bo" z.B. vereinigt verschiedene Fleisch- und Gemüsesorten appetitlich angerichtet auf einem Teller.

Tibet

Harkortstieg 4, Altona,
Tel. 38 61 16 62,
Di-So 11-15 u. 17-24 Uhr.
Momos DM 17-20,50
Gebratene Hähnchenbrust DM 20,50
Ras-Bari (Molkebällchen in Rosenwasser) DM 6,50

Tibet ist den meisten Menschen vor allen Dingen aus politischen Gründen ein Begriff. Im ersten tibetischen Restaurant Hamburgs direkt neben dem buddhistischen Meditationszenter und Studienzentrum können Sie nun die kulinarischen Seiten der Himalaya-Region entdecken. Eine Besonderheit sind die „Momos", vielfältig gefüllte, mal gedämpfte, mal gebratene Teigtaschen, zu denen würzige Tomaten und Erdnusssaucen gereicht werden.

deutsch

Alt Hamburger Aalspeicher

Echte Hamburger Küche verheißt dieses in der historischen Deichstraße gelegene Restaurant. Der langgezogene Raum ist bürgerlich-gediegen eingerichtet, und bei rechtzeitiger Reservierung lässt sich sogar einer der begehrten Fensterplätze mit Fleetblick ergattern. Es dreht sich naturgemäß fast alles um Fisch, und Aal gibt es als Einlage in der kräftig süß-sauer abgeschmeckten Hamburger Aalsuppe, aber auch als Hauptgericht, z.B. „grün" mit Kartoffeln, Apfelkompott und Speck.

Deichstr. 43, Altstadt,
Tel. 36 29 90,
Mo-So 12-24 Uhr.
Hamburger Aalsuppe
DM 13,50
Labskaus DM 26,50
Aal grün DM 37,50

Old Commercial Room

Hinter dem englischen Namen verbirgt sich eine viele hundert Jahre alte Institution. Das urige Lokal gegenüber vom Michel hat fast etwas Museales und ist ein beliebter Anziehungspunkt für Touristen, aber auch viele Prominente haben ihr Autogramm hinterlassen. Auf der Karte stehen u.a. Aalsuppe und Labskaus – das Rezept für dieses Seemannsessen unterliegt natürlich strengster Geheimhaltung. Nettes Extra: Jeder Gast erhält nach Verzehr des „echten Hamburger Labskaus" als Souvenir ein Zertifikat.

Englische Planke 10,
Neustadt, Tel. 36 63 19,
Mo-So 12-24 Uhr.
Hamburger Aalsuppe
DM 9,90
Labskaus DM 23,50
Rote Grütze mit Vanillesauce DM 12

Fischmarkt

In der Dépendance des Fischereihafenrestaurants geht es fröhlich-mediterran zu. Man sitzt an einfachen Holztischen, das Personal trägt Karohemden, und das Speiseangebot reicht von Nord bis Süd. Vorweg ist z.B. eine kalte Gurkensuppe mit Büsumer Krabben zu empfehlen und hinterher ein Zanderfilet mit provenzalischem Gemüse in Rosmarinsauce. Besonderer Clou: der offene Lava-Grill, auf dem Fisch und Krustentiere vor den Augen der Gäste zubereitet werden.

Ditmar-Koel-Str. 1,
Neustadt, Tel. 36 38 09,
Mo-Fr 12-15 u. 18-0.30,
Sa 18-0.30 Uhr.
Kalte Gurkensuppe mit
Büsumer Krabben
DM 12,50
Zanderfilet DM 36,50

deutsch

Freudenhaus

Trotz des Namens sind die Genüsse in diesem Lokal für bodenständige deutsche Küche ganz unschuldiger Natur. Im rot und plüschig gehaltenen „Freudenhaus" liebt man jedoch Scherze dieser Art. So findet der Gast auf der Karte ein Damen-Menü für die Nacht vor der Hochzeit, dazu das Pendant für den Junggesellen. Als Dessert wird dem Herrn dann z.B. eine „Errötende Jungfrau" geboten (ein Kompott aus Sauerkirschen, Johannisbeeren und Himbeeren mit Vanillesauce). Doch auch weniger humorbegabte Liebhaber deftiger Hausmannskost kommen in dieser Gaststätte bestimmt auf ihre Kosten: Ob Kartoffelpuffer mit Apfelmus oder Rheinischer Sauerbraten mit Knödeln und Rotkohl (bei den Beilagen besteht freie Wahl) – es schmeckt wie bei Muttern. Dazu gibt es Schoppenweine.

Hein-Hoyer-Str. 9,
St. Pauli, Tel. 31 46 42,
Di-So 18-24 Uhr.
Kartoffelpuffer mit Apfelmus DM 17,50
Rheinischer Sauerbraten DM 24,50
Menü für Junggeselle und Junggesellin jeweils DM 29,50

Restaurant Markgraf

Einst muss das „Markgraf" wie ein richtiges Landhaus in idyllischer Umgebung gelegen haben. Jetzt wird das hübsche Häuschen leider von einer großen Kreuzung bedrängt. Immerhin ist es verkehrstechnisch gut zu erreichen, und innen ist die Welt noch in Ordnung: Holz, wohin man guckt. Das richtige Ambiente für die Spezialitäten aus Südbaden und Schwaben. Dort heißt der Feldsalat Sonnenwirbele und wird mit leckerer Vinaigrette und knusprigen Croûtons serviert. Nach dem erfrischenden Auftakt kann eine zarte glasierte Kalbshaxe mit Gemüse und Kartoffeln probiert werden – die Portionen sind üppig. Außerdem gibt es edle Weine aus dem Süddeutschen (Baden, Rheingau, Franken), darunter von so berühmten Erzeugern wie Dr. Heger (Kaiserstuhl). Auch die Palette an Bränden und Likören ist beachtlich.

Borsteler Chaussee 1,
Groß-Borstel,
Tel. 511 78 77,
So-Fr 11.30-23.30,
Sa 16-23.30 Uhr.
Feldsalat mit Croûtons DM 10,50
Glasierte Kalbshaxe DM 29,50
Hausgemachte Maultäschle mit Pfifferlingen gefüllt in Riesling-Muschel-Sauce DM 29

Mühlenkamper Fährhaus

Hier ist die hanseatische Welt noch in Ordnung. Der prachtvolle weiße Bau hat zwar eine wechselvolle Geschichte hinter sich – gegründet als Badeanstalt, diente er anschließend als Kutscherkneipe, aber seit 1916 ist das Haus im Besitz der Familie Hillesheimer. Auf der Karte stehen noch immer die guten alten Klassiker der verfeinerten Hausmannskost, viele Fischgerichte, aber auch Deftiges wie gepökelte Ochsenbrust. Erfreulich: Auch die Portionen sind wie anno dazumal.

Hans-Henny-Jahnn-Weg 1, Uhlenhorst, Tel. 220 69 34 u. 220 73 90, Mo-Fr 12-24, Sa 18-24 Uhr.
Gepökelte Ochsenbrust DM 30
Steinbuttfilet DM 42
Rote Grütze DM 16

Fischküche

Der Name ist reines Understatement: Trotz leichter Qualitätsschwankungen werden hier in Hafennähe gehobene Ansprüche bedient. Vor allem bei männlichen Gästen erfreut sich das Lokal von Wirtin Karin Brahm ungebrochener Beliebtheit. An der Lage kann es eigentlich nicht liegen, denn Büroklötze versperren die Sicht auf die Speicherstadt, und das Dekor mit den blauweißen Kacheln ist zwar friesisch inspiriert, wirkt aber etwas überdekoriert. Nett: Man kann den Köchen bei der Zubereitung von Lachstatar oder Steinbeißer zusehen.

Kajen 12, Neustadt, Tel. 36 38 09, Mo-Fr 12-15 u. 18-0.30 Uhr.
Brunnenkressesüppchen mit Räucherlachs DM 12
Lachstatar auf Kartoffelpuffer DM 17,50
Steinbeißer „italienisch" DM 35

Zur Schlachterbörse

Fleisch, Fleisch, Fleisch – im Lokal gleich neben dem Schlachthof gibt es fast nichts anderes. Inhaberfamilie Süße vermochte mit ihren mächtigen Steaks u.a. viele Prominente zu beeindrucken, deren Portraits noch immer zufrieden von den Wänden blicken. Wer sich eine Vorspeise zutraut, kann eine Suppe oder einen Salat wählen. Alle Fleischgerichte werden von einem großen Berg knuspriger Bratkartoffeln sowie von Blattspinat und Champignons begleitet.

Kampstr. 42, Schanzenviertel, Tel. 43 65 43, Mo-Fr 11-24 Uhr.
Klare Ochsenschwanzsuppe DM 10
Bunter Salat DM 9,50
Filetsteak Café de Paris DM 49

deutsch

Zum Wattkorn

Ein Feinschmecker-Lokal für die ganze Familie! Das reetgedeckte Häuschen in Langenhorn lockt mit ländlichem Charme und feiner Regionalküche. Über hundert Jahre alt ist das Anwesen, das von alten Bäumen abgeschirmt wird. Für Kinder ist der kleine Privatzoo hinterm Haus natürlich eine Sensation. Derweil können sich die Eltern im wuchernden Grün des Gartens auf etwas wackligen Stühlen an österreichischen und norddeutschen Spezialitäten gütlich tun: Tafelspitzconsommé mit Grießnocken oder Heilbutt mit Kartoffeln auf Morcheln. Josef Viehhausers Schwiegermutter Maria Altweck präsentiert eine gelungene Mischung aus Haute Cuisine und lokaler Tradition, allerdings hat die ausgezeichnete Qualität ihren Preis. Dafür sind die Topfenknödel zum Dessert von allererster Güte, und die Weinauswahl stellt selbst höhere Ansprüche zufrieden.

Tangstedter Landstr. 32, Langenhorn, Tel. 520 37 97, Di-So 12-14.30 u. 18-21.30 Uhr.
Tafelspitzconsommée DM 14
Heilbutt mit Kartoffeln auf Rahmmorcheln DM 42
Topfenknödel mit Rhabarber-Kompott DM 12

Anno 1905

Schon vor über 90 Jahren verkehrten die Arbeiter aus der benachbarten Brauerei in diesem Lokal. Das Haus am Holstenplatz hat eine lange Geschichte, die durch zahlreiche gerahmte Fotografien aus alten Tagen und vor allem durch die guterhaltene Einrichtung dokumentiert wird. Wer Lust auf gute deutsche Hausmannskost in einem originellen Rahmen hat, der ist hier richtig. Ob Selleriesuppe mit hausgebeiztem Lachs, Matjesfilet nach Hausfrauenart oder Tafelspitz mit Meerrettichsauce und Bouillon-Kartoffeln – im „Anno 1905" wird alles frisch und liebevoll zubereitet, so wie es die Karte verspricht: „Als ob Garten, Bauernhof oder Fischgewässer gleich um die Ecke liegen." Wenn das Musical in der Nachbarschaft zu Ende ist, kann es rasch sehr voll werden.

Holstenplatz 17, Altona, Tel. 439 25 35, Di-Fr 17-24, Sa, So 12-24 Uhr.
Selleriesuppe mit hausgebeiztem Lachs DM 9,50
Matjes nach Hausfrauenart DM 19,50
Tafelspitz mit Bouillonkartoffeln DM 24,50

französisch

Ti Breizh - Haus der Bretagne

Das direkt am Fleet gelegene Lokal ist einer echten bretonischen Crêperie nachempfunden: Es ist hell und freundlich, sparsam maritim dekoriert, und die Gäste speisen an schlichten Holztischen. Die Crêpes und Galettes – letztere werden aus Buchweizenmehl gebacken und kommen mit einer deftigen Füllung auf den Tisch – vervollkommnen die Illusion, im Bretagne-Urlaub zu sein. Die Speisen werden nach Originalrezepten und mit besten Zutaten bereitet, und der bretonische Koch sorgt dafür, dass die Pfannkuchen – sei es nun eine Galette mit Roquefort und Walnüssen oder ein Crêpe mit Schokolade und Vanilleeis – auf der Zunge zergehen. Nach bretonischem Brauch gönnt man sich beides als Menü und dazu einen „Bol" erfrischenden Cidre.

Deichstr. 39, Altstadt,
Tel. 37 51 78 15,
Di-Fr 12-14.30 u.
18.30-22, Sa 15.30-23,
So 12-16 Uhr.
Galette mit Roquefort
und Walnüssen DM 10,80
Crêpe mit Schokolade
und Vanilleeis DM 8,50
Karaffe Cidre (0,3) DM 4

Alfred

In einem ehemaligen Gewerbehof mitten in Ottensen hat der sympathische Elsässer Martial Weisser die passenden Räumlichkeiten für sein Restaurant entdeckt. Es ist ihm gelungen, Landhaus-Atmosphäre in den großen gefliesten Saal zu zaubern. In lauen Sommernächten wird es auf der Terrasse ganz besonders lauschig. Chansons von Edith Piaf sorgen für die passende musikalische Untermalung der traditionellen französischen Küche. Auf einer großen Tafel werden Tagesgerichte angepriesen. Das Vier-Gänge-Menü bietet einen guten Querschnitt durch das Angebot, z.B. Jakobsmuscheln, Karotten-Orangencremesuppe, Lammcarré mit Bohnen und Kartoffelgratin und Champagnermousse. Vegetarier werden mit einem speziellen Gericht berücksichtigt. Und Klassiker wie Mousse au chocolat gehören ebenfalls zum Standard.

Große Brunnenstr. 61a,
Ottensen,
Tel. 390 85 69,
Mo-Fr 12-14.30,
Di-So 18-24 Uhr.
4-Gang-Menü DM 59
Mousse au chocolat
DM 13
Gemüsepfanne mit
Crème fraîche DM 26

französisch

Le Provençal

Lattenkamp 8, Winterhude, Tel. 513 38 28,
Di-Sa ab 18 Uhr.
Entenleberterrine
DM 17,50
Civet vom Frischling
DM 31,50
Apfel-Calvados-Crêpe
DM 16,50

Wer schon immer mal wie bei einem Franzosen zu Hause speisen wollte, ist goldrichtig in diesem etwas versteckt liegenden Lokal. Von außen sieht das mittlerweile dienstälteste französische Restaurant der Stadt recht unscheinbar aus. Drinnen geht es so gemütlich zu wie im Wohnzimmer von „Duponts". Küchenchef Jacques Busse widerlegt das Klischee von „Nouvelle-Cuisine"-Portionen. Beim ehemaligen Betreiber des „Armagnac" ist alles großzügig bemessen, von der hausgemachten Entenleberterrine bis hin zu Crêpes mit Äpfeln.

Le Plat du jour

Dornbusch 4, Altstadt,
Tel. 32 14 14,
Mo-Sa 12-22.30 Uhr, Juli/August Sa geschlossen.
Lammfilet in Rosmarinjus
DM 29,50
Drei-Gang-Menü
(abends) DM 48
Crêpe Normande DM 10

Jacques Lemercier, der ehemalige Inhaber der „L'Auberge Française", ist auch weiterhin in der Stadt präsent. Sein Bistro wirkt dank Blümchentapete und roter Sitzbänke wie aus dem Bilderbuch. Der Name ist Programm: Auf einer Tafel wird das jeweilige Tagesgericht angepriesen. Die vor allem mittags zahlreich hereinströmenden Gäste begeistern sich für die authentische, bodenständige Küche und verspeisen Lyoner Wurst auf Linsen und Kalbsleber in Senfsauce. Einige Desserts tragen nicht zufällig den Zusatz „normande" – der Chef stammt aus der Normandie.

Bistrot le Souterrain

Ferdinand-Beit-Str. 7,
St. Georg, Tel. 24 93 62,
Mo-Fr ab 11,
Sa ab 18 Uhr.
Muscheln DM 19,90
Couscous DM 24,50
Tarte Tatin DM 9,50

Gisela und Alain Lausdat konnten kürzlich das zehnjährige Bestehen ihres charmanten Keller-Lokals feiern. Dennoch ist ihr verstecktes Restaurant vor allem Eingeweihten bekannt. An karierten Tischdecken und zu Musette-Klängen kann man hier ausgezeichnete Spezialitäten, z.B. Muscheln in Weißweinsud, genießen. Besonders zu empfehlen: das algerische Couscous und die gestürzte Apfeltorte „Tarte Tatin".

französisch

Voltaire

Einige Werke des berühmten Philosophen aus dem 18. Jahrhundert dienen als Dekoration, doch man kommt in das hallenartige populäre Bistro natürlich zum Essen und nicht zum Lesen. Die umfangreiche Karte bietet für jeden Geschmack etwas und das zu günstigen Preisen. Kalbsleber und Seeteufel sind ebenso im Angebot wie diverse Nudelgerichte und die beliebten üppigen Salate. Vom mehrgängigen Menü bis zum kleinen Imbiss ist alles möglich. Sie können bedenkenlos den offenen Wein bestellen, obwohl auch das Angebot an Flaschenweinen sich sehen lassen kann.

Friedensallee 14-16, Ottensen, Tel. 39 70 04, Mo-Fr 12-24, Sa, So 18-24 Uhr.
Scampispieße mit Rucola DM 20,50
Kalbsleber mit Salbei DM 20,50
Ziegenfrischkäse mit Feigen DM 9,50

Dominique

Sohn Dominique hat es Vater Jacques Lemercier gleich getan und schon vor etlichen Jahren ein Restaurant eröffnet. Das schlicht nach ihm selbst benannte Etablissement im Souterrain zieht nicht nur Besucher der nahe gelegenen Musikhalle an. Denn Lemercier junior bietet klassische französische Gerichte auf verlässlich gleich bleibendem Niveau, sei es nun die Fischsuppe Marseiller Art oder das Lammcarré mit Mandel-Basilikumkruste.

Johannes-Brahms-Platz 11, Neustadt, Tel. 34 45 11, Mo-Fr 12-15 u. 18-22.30, Sa 18-22.30 Uhr.
Fischsuppe Marseiller Art DM 16
Lammcarré mit Mandel-Basilikumkruste DM 40

Chez Jacques

Große Reproduktionen impressionistischer Gemälde zieren dieses von außen eher unscheinbar wirkende Restaurant. Ab und zu kann man einen berühmten Schauspieler sichten – Kampnagel ist nicht weit. Ein fünfgängiges Menü darf sich der Gast frei aus der Karte zusammenstellen. Das klassische Angebot reicht von getrüffelter Gänseleber bis zu Lammrückenfilet in Thymiankruste. Tipp: Lassen Sie zum Abschluss den Käsewagen mit großer Auswahl an den Tisch kommen.

Gertigstr. 42, Winterhude, Tel. 279 29 38, Mo-Sa 18-22.30 Uhr, Mitte Juli bis Ende August geschlossen.
Getrüffelte Gänseleber DM 19,50
5-Gang-Menü DM 55

gourmet

Landhaus Scherrer

Hans Wehmann, der aus dem Westfälischen stammende Meisterkoch, sagt von sich selbst, er habe sein „gutes Verhältnis zur bodenständigen Küche nicht verloren". Tatsächlich ist sein bekanntester Klassiker die Vierländer Ente. Aber auch wenn im „Scherrer" Schellfisch aus der Nordsee gegenüber Rotbarben aus dem Mittelmeer den Vorzug erhält, wäre es ein Trugschluss, hier regionale Küche im traditionellen Sinne zu erwarten. Wehmann hebt die nur scheinbar einfachen Gerichte auf ein hohes Niveau, und auch seine Asienreise hat hier und da Spuren hinterlassen. Ein besonderes Schauspiel ist es, wenn die berühmte „Krosse Vierländer Ente" hereingefahren wird und der Chef persönlich Hand anlegt. Das etwas altbackene Ambiente wie auch die erotische Kunst an der Wand und auf dem Platzteller sind dem Gründer Armin Scherrer zu verdanken.

Elbchaussee 130,
Ottensen,
Tel. 880 13 25,
Mo-Sa 12-14.30 u.
18.30-22.30 Uhr.
Fischsuppe Övelgönner Art DM 22
Krosse Vierländer Ente für zwei, pro Person DM 67
Gratiniertes Buttermilchparfait auf Apfel-Basilikumkompott DM 20

La Mer

Im mit Marmor ausgelegten Speisesaal des Hotelrestaurants prägen himmelblaue Lederbänke und apricotfarbene Tischdecken das Bild. Der Blick nach draußen fällt in einen schönen Garten, in dem im Frühjahr eine Magnolie blüht. Im Sommer wird auch dort serviert, und die großstädtische Hektik scheint weit entfernt. Die Küche setzt einen Kontrapunkt zu dieser opulenten Umgebung und weiß mit perfekter Schlichtheit zu beeindrucken. Küchenchef Jochen Kempf wählt allerbeste Produkte, und die kleine Karte offeriert nur das Feinste: Austern, Flusskrebse, Seezunge, Kalbsrücken. Die Flusskrebse sind auf marinierte Gurken gebettet, und das üppig bemessene Seezungenfilet wird von dezenter Senfkörnersauce begleitet. Tipp: Der Pâtissier des Hauses fertigt kleine Kunstwerke.

Im Hotel Prem,
An der Alster 9,
St. Georg,
Tel. 24 17 26,
Mo-Fr 12-14 u. 18-23.30,
Sa, So 18-23.30 Uhr.
Austernsuppe DM 18
Seezungenfilet in Senfkörnersauce DM 52
Schokoladensoufflé DM 18

gourmet

Haerlin im Hotel Vier Jahreszeiten

Hier sitzen Sie wirklich in der ersten Reihe. Wenn die Sonne über der Alster versinkt, hat man aus dem Speisesaal den allerschönsten Blick. Die Eleganz des Biedermeier-Saals und die souveräne Lässigkeit der Kellnerbrigade tut ein Übriges: Ein Abend im Haerlin ist immer ein ganz besonderes Erlebnis. Das liegt vor allen Dingen an Küchenchef Michael Hoffmann. In seiner geschwungenen Schrift präsentiert er dem Gast unter dem Titel „Avantgarde" ein mehrgängiges Menü, das auch im übertragenen Sinne ganz seine Handschrift trägt. Variationen vom Lachs, eine knusprige Dorade mit Artischockenvinaigrette, das Pot au feu vom Deichlamm und andere Köstlichkeiten führen langsam hin zur Krönung des Abends: Waldmeister-Crème-Brulée mit Champagnereis.

Neuer Jungfernstieg 9-14,
Neustadt,
Tel. 34 94 33 10,
Di-Sa 12-15 u. 18-22 Uhr.
7-Gang-Menü DM 175
Vegetarisches 6-Gang-Menü DM 115
Taubenroulade mit Trüffelgelee DM 42

Le Canard

Zum Luxusliner unter Hamburgs Spitzen-Restaurants führt eine von Architekt Meinhard von Gerkan entworfene Brücke. Darüber schreiten die Gäste in den runden weißen Bau am Elbhang. Architektonisch geht es hier puristisch und klar zu: warmes, rötlich-braunes Birnbaumholz auf dem Boden, bequeme Freischwinger, sparsamer Blumenschmuck. Klarheit auch auf den Tellern. Der Österreicher Josef Viehhauser hat seinen ganz eigenen Stil geprägt und ihn unbeeindruckt von allen Moden bewahrt. Die sorgfältig ausgewählten Produkte werden harmonisch vereint: Sautierter Hummer mit Auberginen-Paprikaragout, Seeteufel mit weißem Spargel oder auch Bresse-Taube mit Artischocken. Nur bei den Desserts, z.B. den Salzburger Nockerln, lässt sich die österreichische Herkunft des Chefs noch deutlich ausmachen.

Elbchaussee 139,
Ottensen,
Tel. 880 50 57,
Mo-Sa 12-14.30 u.
19-22.30 Uhr.
Gebratener Hummer mit mariniertem Spargel DM 68
Milchlamm mit Bärlauch-Bohnengemüse DM 51
Salzburger Nockerln für zwei Personen,
pro Person DM 24

gourmet

Fischereihafenrestaurant

Große Elbstr. 143, Altona,
Tel. 38 18 16,
Mo-So 11.30-24 Uhr.
Vorspeisenteller DM 17
Seezunge DM 69
Rote Grütze DM 12,50

Das Lokal von Vater und Sohn Kowalke behauptet sich trotz zunehmender Konkurrenz noch immer als eine der ersten Adressen für Fischgerichte. Das liegt nicht zuletzt daran, dass hier gutbürgerliche Küche im hanseatischen Stil gepflegt wird: Auf dem Vorspeisenteller finden sich z.B. neben Lachs auch Kräuterrührei und Krabbensalat. Neidlos erkennt selbst die Konkurrenz an, dass hier alle Fische stets auf den Punkt gegart serviert werden. Pflicht: die Rote Grütze zum Dessert.

Atlantic Restaurant

Im Hotel Atlantic,
An der Alster 72-79,
St. Georg, Tel. 2 88 80,
Di-Sa 12-15 u. 17.30-
23.30, So 17.30-23 Uhr.
Hummercreme DM 18
Bouillabaisse von Nord-
u. Ostseefischen DM 46

Es empfiehlt sich, einen Tisch am Fenster mit Alsterblick zu reservieren, um Hamburg von einer seiner schönsten Seiten zu erleben. Die Küche ist klassisch, und trotz einiger asiatischer Anklänge spart man nicht an Butter und Sahne. So schmeckt die traditionelle Hummercreme wie in der guten alten Zeit. Manche Gäste jedoch wünschen sich mehr leichte Kompositionen wie die wohlgeratene Bouillabaisse von Nord- und Ostseefischen.

Cölln's

Brodschrangen 1-5,
Altstadt, Tel. 32 60 59,
Mo-Fr 12-15 u.
18-22 Uhr.
Dorsch in Dijonsenfsauce
DM 36,80
Seeteufel auf Kartoffel-
Olivenpüree DM 46,80
Apfelpfannkuchen DM 18

Die Austernstuben sind die schönste und wahrscheinlich auch älteste kulinarische Hamburgensie, die die Stadt zu bieten hat. Das Vestibül ist mit Jugendstilkacheln geschmückt, und in den gediegenen Séparées wird man vom sympathischen Chef persönlich bedient. Wolfgang Grobauer hat die Küche des Traditionshauses auf höchstes Niveau gebracht: Seeteufel auf Kartoffel-Olivenpüree und Dorsch in Dijonsenfsauce laufen sich gegenseitig den Rang ab. Der Apfelpfannkuchen ist ein heißgeliebter Klassiker.

Osteria Due

Der beliebteste Promi-Treffpunkt der Stadt kann mit einer hervorragenden Küche aufwarten, und die Preise der frischen und abwechslungsreichen Gerichte sind fair kalkuliert. Bequeme Rattanmöbel, Terracottafliesen, wucherndes Grün und ein gläsernes Dach sorgen für südliche Atmosphäre. Die begnadete Küchenmannschaft versteht sich auf Ravioli (mit Kalbsschwanz gefüllt und Limone gewürzt) ebenso gut wie auf Risotto (mit Hummer und Spargel). Ob Fisch, ob Fleisch, hier gelingt meistens alles so beeindruckend, dass beim Dessert leise Wehmut aufkommt.

Badestr. 4, Pöseldorf,
Tel. 410 16 51,
Mo-So 12-23 Uhr.
Safranrisotto mit Hummer und Spargel DM 29
Steinbutt auf Chicorée mit getrüffeltem Kartoffelpüree DM 46
Crêpes mit Rhabarber u. Waldmeistersorbet DM 15

Prinz Frederik Room

In dieser Hotel-Villa in Alsternähe sitzen die Gäste tatsächlich im Wohnzimmer. Abgesehen von den Hotelgästen finden nur wenige kundige Feinschmecker in das exklusive Restaurant mit den sieben Tischen. Die Karte verzeichnet drei verschiedene Menüs, und der aus dem Badischen stammende Chef de cuisine Ulrich Heimann beherrscht das ganze Repertoire der Hochküche. Exzellent: Feuilletée von der Gänsestopfleber und Zander auf marinierten Gurken.

Im Hotel Abtei,
Abteistr. 14,
Harvestehude,
Tel. 44 29 05,
Di-Sa 18-22 Uhr.
Ausschließlich Menüs DM 120-170 für 4-7 Gänge

Tafelhaus

Der Name des Küchenchefs Christian Rach wird unter Gourmets schon lange hoch gehandelt. So mancher nimmt wiederholt die Fahrt nach Bahrenfeld in Kauf, um die dort servierten innovativen Gerichte zu probieren. Die handgeschriebene Karte verzeichnet neben einer kleinen Auswahl an à la carte-Gerichten ein 4- und ein 6-gängiges Menü. Rach liebt das Spiel mit Gewürzen: Die Kohlrabisuppe schmeckt er mit Ingwer ab, den Schwertfisch mit Zitronenmelisse.

Holstenkamp 71,
Bahrenfeld, Tel. 89 27 60,
Di-Fr 12-14 u. 19-21,
Sa 19-21 Uhr.
4-Gänge-Menü DM 98
6-Gänge-Menü DM 120

international

Praha

Die „Goldene Stadt" Prag hat diesem sympathischen Restaurant seinen Namen gegeben. Inhaber Tomás Krippner möchte die Hamburger mit der Esskultur seiner böhmischen Heimat bekannt machen. Auf anbiedernde Rustikalität wurde verzichtet, der helle Raum ist geschmackvoll eingerichtet, und die Tische sind weiß eingedeckt. Auch die Küche arbeitet mit Liebe zum Detail, und der freundliche Wirt gibt sich bei der Präsentation alle Mühe. Natürlich verzeichnet die übersichtliche Karte herzhafte Klassiker wie Schweinebraten und Sauerkraut, Böhmischer Tafelspitz mit Meerrettichsahnesauce und geriebenem Apfel. Dazu gibt es die berühmten Serviettenknödel. Die Portionen sind angemessen, die Saucen sahnig, aber nicht schwer. So bleibt Platz fürs Dessert, den leckeren Palatschinken mit Quark-Rosinen-Füllung.

Dorotheenstr. 180,
Winterhude,
Tel. 46 96 15 47,
Mo-So ab 12 Uhr,
Sa ab 18 Uhr, warme
Küche bis 23 Uhr.
Leberknödelsuppe DM 9
Tafelspitz DM 29,50
Palatschinken DM 14,50

Lubov

In den Räumen der ehemaligen Sparkassenfiliale hat schon mancher Gastronom sein Glück versucht. Den neuen Betreibern ist es nun endlich gelungen, den Saal mit Leben zu füllen. Rein äußerlich hat sich nicht viel verändert: ein Läufer hier, eine Bodenvase dort, eine russische Winterlandschaft an der Wand. Das eigentliche Geheimnis der Verwandlung liegt im Publikum. Die russische Gemeinde Hamburgs hat das Lokal zu ihrem Treffpunkt erkoren. Denn hier gibt es alles, wonach sich ein Russe im Exil sehnt: nicht nur Borschtsch und Soljanka, Blinis und Boeuf Stroganoff, sondern, wenn man Glück hat, auch einen Pianisten und einen Geiger, die sehnsüchtige Weisen intonieren. Das einfache originalgetreue Essen wird da beinahe zur Nebensache.

Nobistor 35, St. Pauli,
Tel. 317 44 50,
Mo-Do u. So 17-24,
Fr, Sa 17-2 Uhr.
Borschtsch DM 5
Pilzkaviar DM 10,90
Boeuf Stroganoff
DM 22,90

international

Café Schwanenwik

Schwanenwik 38, Uhlenhorst, Tel. 220 13 00, Mo-So 10-24 Uhr.
Rucola mit Lammrücken DM 19,50
Kotelette vom Seeteufel mit Tomaten-Olivenkompott auf Gnocchis DM 28,50

Der große Saal in der Villa an der Außenalster beeindruckt durch seine hohen stuckverzierten Decken, die mächtigen Kronleuchter und das alte Parkett. Das Hamburger Literaturhaus hat eine noble Bleibe, aber auch für das leibliche Wohl der kulturinteressierten Gäste ist gesorgt. Man trifft sich schon zum ausgedehnten Frühstück, und mittags und abends bietet die Küche multikulturelle Vielfalt. Der Schwerpunkt liegt auf mediterranen Gerichten wie Kotelette vom Seeteufel mit Tomaten-Oliven-Kompott.

Das Weiße Haus

Neumühlen 50, Övelgönne, Tel. 390 90 16, Mo-Sa 18-24, So Brunch ab 10.30 Uhr.
Hamburger Pannfisch DM 27,50
Kalbstafelspitz DM 29,50

Nicht nur für Elbspaziergänger ist dieses geschmackvolle Restaurant unweit des Museumshafens ein Gewinn. Die Karte des hübschen ehemaligen Kapitänshäuschens hat zwar auch eine verfeinerte Version des Hamburger Pannfisches an Dijon-Senfsauce zu bieten, aber das Repertoire ist nicht auf norddeutsche Klassiker beschränkt. Kalbstafelspitz auf Bouillongemüse mit grüner Meerrettichsauce ist ebenso vertreten wie ein exotisches Straußensteak. Tipp: Besonders schön sitzt man im Wintergarten.

Bar Hamburg

Rautenbergstr. 6-8, St. Georg, Tel. 28 05 48 80, Mo-So ab 18.30 Uhr.
Clubsandwich DM 13,50
Entrecôte in der Kräuterkruste DM 34
Weißes Schokoparfait auf Minzzabaione DM 13

Ein bisschen Münchner Chic in Hamburg strahlt dieses aufwendig und modern gestylte Etablissement aus. Wer die von unten einsehbare beleuchtete „Brücke" überwunden hat, kann sich im Halbdunkel der Bar mit einem der vorzüglichen Cocktails stärken. Für den kleinen Hunger bietet die nach amerikanischem Vorbild eingerichtete Deli-Bar leckere Pastagerichte und Sandwiches, und im ganz in Rot gehaltenen Souterrain kann ausgiebiger getafelt werden.

international

Classic-Restaurant im Hotel Reichshof

Wenn der Gast durch die Schwingtür des Grandhotels tritt, wird er sogleich von der luxuriösen Atmosphäre der Marmorlounge umfangen. Entspannt geht es im Restaurant zu, das dem Speisesaal eines klassischen Ozean-Dampfers nachempfunden wurde. Die Küche ist zwar nicht gerade kühn, bietet aber interessante saisonale Aktionen, z.B. Spargel in allen Variationen. Nach dem Essen lohnt ein Besuch der hauseigenen, sehr stilvollen Cocktail-Bar.

Kirchenallee 34-36,
St. Georg, Tel. 24 83 30,
Mo-So 12-23.30 Uhr.
Rindercarpaccio
DM 15,50
Spargel mit neuen Kartoffeln, Sauce Hollandaise,
Katenschinken DM 46,50

Graceland

Liebhaber von Spezialitäten aus dem amerikanischen Süden zieht es regelmäßig in dieses etwas versteckt liegende Lokal. Bevor man sich den auf der Karte farbig beschriebenen Hauptgerichten unterschiedlichster Provenienz (Louisiana bis Karibik) zuwendet, bietet sich ein „Appetizer" an, z.B. in Form eines „Crab Dip" oder auch einer leichten Meeresfrüchtesuppe nach Art von Key West. Filé Gumbo ist der Klassiker aus Louisianas Küche: ein deftiger, gut gewürzter Eintopf aus Huhn, Meeresfrüchten, Schinken und Tomaten.

Stresemannstr. 374,
Bahrenfeld,
Tel. 89 96 31 00,
Mo-So ab 17 Uhr-open end (Küche bis 23 Uhr).
Meeresfrüchtesuppe Key West DM 9,50
Truthahnsteak DM 28,50
Pecan Pie DM 10,50

Casse-Croûte

„Casse-Croûte" bedeutet schlicht Brotzeit. Dieser rustikalen Tradition ist das Lokal am Gänsemarkt verpflichtet – darauf weisen schon die karierten Tischdecken und das bistro-typische Inventar hin. Aber etwas mehr als einen schlichten Imbiss kann man hier schon einnehmen. Die Karte bietet einen Streifzug durch die internationale Küche, von Zanderfilet mit Paprika, Oliven und Kapern über das Entrecôte bis zur Crème Brulée. Insider loben vor allem die Bratkartoffeln.

Büschstr. 2/
Gänsemarkt, Neustadt,
Tel. 34 33 73,
Mo-Sa 12-24 Uhr.
Entrecôte mit Bratkartoffeln DM 29,50
Zanderfilet DM 27,50
Crème Brulée DM 12,50

Trader Vic's

Ein Besuch in Hamburgs einzigem Restaurant für polynesische Spezialitäten kann einen schönen Vorgeschmack auf eine Südseereise vermitteln. Das Interieur in dem von außen nicht besonders einladend wirkenden Hochhaus am Dammtor ist mit viel Bambus, einem großen Aquarium und Südsee-Souvenirs exotisch hergerichtet – da mundet ein fruchtiger Cocktail an der großen Bar noch mal so gut. Die Kokossuppe mit „Prawns" wird stilgerecht in der Kokosschale serviert, das Chicken Curry kann der Gast nach Belieben selbst abschmecken.

Im Radisson SAS Hotel, Marseiller Str. 2, Rotherbaum, Tel. 35 02 34 40, Mo-So 17-2, Küche 18-24 Uhr.
Coconut Soup with prawns DM 13
Chicken Curry DM 29
Frozen Mai Tai Soufflée DM 12

Marinehof

Auf der Fleetinsel tafeln seit Jahren Journalisten und Künstler aus der Umgebung. Schon der hohe Raum mit Fensterfront und Galerie ist eine Attraktion, dazu kommt eine solide und variationsreiche Küche. Die Karte überwindet mühelos alle Grenzen: Neben gebackenen Auberginen findet man Weißwürste und scharfen indischen Kartoffelsalat. Einziger Wermutstropfen: Die Weine sind nicht sehr günstig kalkuliert, und die Geräuschkulisse erfordert mitunter Gelassenheit.

Admiralitätsstr. 77, Neustadt, Tel. 374 25 79, Di-Do 11.30-1, Fr, Sa 11.30-2, So 11.30-24 Uhr.
Lachs in Kräutersauce DM 24,50
Mascarponecreme mit frischen Früchten DM 9,50

Laxy's

Nach getaner Arbeit gönnt sich der Patron am Tresen schon mal eine gute Zigarre. Über zwölf Jahre betreibt der Franzose Bernhard Laxy jetzt sein Restaurant in Bergedorf. Auf der Speisekarte stehen französische, deutsche und italienische Gerichte, aber das Angebot umfasst auch asiatisch aromatisierte Spezialitäten. Im dreigängigen Menü folgen z.B. auf ein Vitello tonnato eine Poulardenbrust mit Spargelragout und eine Champagner-Erdbeersülze mit Vanilleeis.

Bergedorfer Str. 138, Bergedorf, Tel. 724 76 40, Mo-Sa 18-23 Uhr.
Drei-Gänge-Menü DM 80
Baby-Steinbutt DM 42
Munster Käse mit Marc d'Alsac flambiert DM 14

international

Stadtcafé Ottensen

Behringstraße 42-44,
Ottensen,
Tel. 39 90 36 03,
Mo-So ab 10, mittags
11.30-15, Restaurant 18-
23 Uhr, Bar open end.
Gemüsestifte in Aspik
DM 12,50
Tafelspitz DM 26,50
Kaiserschmarrn DM 12

Der Name verrät nicht, worum es sich hier eigentlich handelt, aber die außergewöhnliche architektonische Gestaltung des Restaurants gibt einen deutlichen Hinweis: Über zwei Etagen ist die gesamte Einrichtung eine einzige Hommage an den exzentrischen Wiener Künstler Friedrich Hundertwasser. Rundungen statt Ecken und Kanten, eine fröhliche Farb- und Formgebung. Die Küche ist österreichisch orientiert, Tafelspitz mit Apfelkren und Schnittlauchsauce und natürlich Kaiserschmarrn stehen auf der Karte. Die Weine kommen dagegen aus ganz Europa und sogar aus Übersee.

Rialto

Michaelisbrücke 3,
Neustadt, Tel. 36 43 42,
Mo-Fr 12-15 u.
18.30-23.30,
Sa, So 18.30-23 Uhr.
Thailändischer Gurken-
salat mit Kalbsfilet DM 18
Hähnchenbrust auf To-
maten mit Pesto DM 28

Zwar ist das Wasser vorm Fenster nicht die Lagune von Venedig, aber das Szene-Lokal mit Fleetblick liegt trotzdem an einer malerischen Ecke. Innen ist der weitläufige Saal durch kunstvoll drapierte rote Stoffbahnen in kleinere Einheiten geteilt, sodass trotz der Größe eine intime Atmosphäre entsteht. Die Karte bietet den modernen, bunten Mix von asiatisch – die Sushitheke befindet sich gleich neben dem Tresen – bis hin zu mediterran, z.B. Hähnchenbrust auf Tomaten mit Pesto.

Lilienthal

Kaiser-Wilhelm-Str. 71,
Neustadt, Tel. 35 29 93,
Mo-Fr 12-15 u.
18-24, Sa 19-24 Uhr.
Auberginen-Auflauf DM 21
Rotzunge mit Kartoffeln
und Butter DM 28

Die Springer-Belegschaft hat im geschmackvoll eingerichteten Bistro mit den ockerfarben gewischten Wänden und den schönen Kronleuchtern ihr zweites Zuhause gefunden. Die Küche im Wohlfühl-Lokal ist abwechslungsreich, mal wird ein Auberginen-Auflauf auf orientalische Art mit Rosinen und Zimt abgeschmeckt und mit Joghurtsauce serviert, oder eine Rotzunge wird klassisch mit Butter und Kartoffeln kredenzt.

Rive

Im Sommer sind die Plätze auf der Terrasse heiß begehrt, denn selten ist die Elbe so nah am gedeckten Tisch. Maritim geht es hier also zu, schließlich ist das etwas lärmige Großraum-Bistro – inklusive Terrasse zählt es 240 Plätze – im Kreuzfahrtcenter untergebracht. Der Gast stärkt sich mit mediterranen Speisen oder einem Hamburg-Menü (Matjesvariationen, Hummersuppe, Pannfisch und Rote Grütze). Lecker: der Lammrücken mit Ratatouille und Polenta.

Van-der-Smissen-Str. 1, Altona, Tel. 380 59 19, Mo-So 12-24 Uhr.
Hamburg-Menü DM 49
Lammrücken mit Ratatouille DM 36
Tiramisu mit frischen Früchten DM 12

Paquebot

Ein Ozeandampfer ist mitten auf dem Gerhard-Hauptmann-Platz gestrandet – zumindest erzeugt der Saal im Art-Deco-Stil diese Illusion. Viel Chrom, rote, etwas abgewetzte Lederbänke und außergewöhnliche Leuchten sind die Blickfänge in dem von Theater-Besuchern geschätzten Bistro. Solange die Vorstellung im Thalia läuft, findet man hier mitten in der Stadt einen Ort der Ruhe und Entspannung. Es gibt guten offenen Wein und diverse Kleinigkeiten wie Pasta mit Streifen vom Hüftsteak und Zuckerschoten in Basilikumsahne.

Gerhard-Hauptmann-Platz 70, Altstadt, Tel. 32 65 19, Mo-Sa 11-1, So 18-1, Küche 12-16 u. 18-23 Uhr.
Fenchelbouillabaisse DM 11
Pasta mit Streifen vom Hüftsteak DM 18,50

Eisenstein

In den Räumlichkeiten einer ehemaligen Fabrikhalle zu speisen hat den Reiz des Besonderen zwar etwas verloren, aber das „Eisenstein", benannt nach dem russischen Filmkünstler, genießt noch immer den Ruf, erstklassige Pizzen anzufertigen. Ein dünner, krosser Boden und vor allem fantasievolle Beläge wie Gambas und Sauce du Chef („Fliegender Händler") oder Graved Lachs und Crème Fraîche („Helsinki") sind das Erfolgsrezept. Dafür nimmt mancher auch die schlechte Akustik und den mitunter nachlässigen Service in Kauf.

Friedensallee 9, Ottensen, Tel. 390 46 06, Mo-Fr u. So 11-2, Sa 10-2 Uhr.
Pizza „Fliegender Händler" DM 19,50
Pizza „Helsinki" DM 19,50
4-Gang-Menü DM 49,50

international

Sagebiels Fährhaus und Chen

Das ehemalige Ausflugslokal hoch über der Elbe ist eine Legende, spätestens seit es in Käutners Meisterwerk „Große Freiheit Nr. 7" mit Hans Albers verewigt wurde. Das Haus mit der wunderschönen baumbestandenen Terrasse hat zwar seinen volkstümlichen Charme eingebüßt, dafür haben es die Blankeneser Bürger zu ihrem Lieblingsort für Familienfeiern aller Art erklärt. Die Karte bietet neben Klassikern der feinen Küche wie Seezungenschleifchen in Chablissauce auch diverse Menüs mit chinesischen Köstlichkeiten von Küchenmeister Chen.

Blankeneser Hauptstr. 107, Blankenese, Tel. 86 15 14, Mo-So 12-23 Uhr.
Seezungenschleifchen in Chablis DM 48
Chinesisches Menü ab DM 58
Punschparfait mit Sauerkirschen DM 14,50

Apples

„An apple a day keeps the doctor away" - ob sich Designer Terence Conran an dieses Sprichwort aus seiner englischen Heimat erinnert hat, als er das Restaurant im „Park Hyatt Hotel" einrichtete? Grasgrüne Äpfel sind hier allgegenwärtig. In der großen, von Jörg Delin geleiteten Showküche wird Wert auf frische Produkte gelegt, und die Gerichte erhalten durch den großzügigen Einsatz von Kräutern ihre besondere Note, wie die mit Rosmarin gewürzte delikate Bresse-Poularde.

Im Park Hyatt Hotel, Levantehaus, Bugenhagenstr. 8-10, Altstadt, Tel. 33 32 12 34.
Mo-So 12-14.30 u. 18-23 Uhr.
Matjestatar DM 18
Bressepoularde DM 29

Brücke

Medienleute und Eppendorfer Yuppies treffen sich seit vielen Jahren in diesem hübschen Szene-Lokal im Kaffeehaus-Look. Früher wurde in der „Brücke" hauptsächlich getrunken, doch inzwischen spielt das Essen die Hauptrolle. Dem Küchenteam gelingt zeitgemäße internationale Bistro-Kost mit mediterranem Einschlag, wie das Lammcarré auf Tomatensauce. Die Preise sind durchaus akzeptabel.

Innocentiastr. 82, Eppendorf, Tel. 422 55 25, Mo-Fr 12-23, So 19-23 Uhr.
Geflügelleber mit Apfel DM 18
Lammcarré auf Tomatensauce DM 31

Alsterpalais

In eine umgebaute Fabrikhalle zum Essen einzukehren, das ist für Großstädter eine Selbstverständlichkeit. In einem ehemaligen Krematorium allerdings haben bis vor kurzem nur wenige gespeist. 60 Jahre lang stand das neugotische Schmuckstück in Alsterdorf leer. Nun wurde der Bau mit der schaurigen Vergangenheit von ein paar Gastronomen aufwendig renoviert. Die beeindruckende Kuppel erstrahlt in hellen, freundlichen Tönen – von der ursprünglichen Funktion des denkmalgeschützten Klinkerbaus ist nichts zu mehr spüren. Unter einem Dach versammelt sind ein kirschholzgetäfeltes Restaurant, ein Bistro und eine Bar direkt unter der Kuppel. Im Sommer lockt eine Terrasse mit Blick auf das Alstertal. Die Karte bietet trendgerechte, schmackhafte internationale Kost.

Alsterdorfer Str. 523, Alsterdorf, Tel. 50 04 99 11, Mo-So ab 11-open end, Küche 12-23 Uhr. Hausgebeizter Lachs mit Röstis DM 15,50 Kreolische Fischsuppe DM 10,50 Filetsteak in Rotweinsauce DM 35

Doc Cheng's

Er war angeblich ein chinesischer Bonvivant, hat die Welt bereist und dabei vielfältige Erfahrungen in Bars und Restaurants gesammelt. Um den Namensgeber des euro-asiatischen Restaurants im Hotel Vier Jahreszeiten rankt sich diese nette Legende. Das Ambiente im Souterrain ist eine Hommage an den mysteriösen „Doc" und das Shanghai des Jahres 1920: mit roter Seide bezogene Sofas, Teak, blitzendes Messing. Das Speiseangebot jedoch ist ganz von heute. Koch John Beriker, türkisch-amerikanischer Herkunft, hat Erfahrungen in Kalifornien und Singapur gesammelt. Er bietet eine moderne und leichte „Fusion Cuisine". Innerhalb des günstig kalkulierten Menüs finden sich so aufregende Kombinationen wie ein Zitronengrasspieß mit Garnelen, Jacobsmuscheln und Red Snapper mit Mango-Ananas-Relish und Zitrus-Kokossauce. Eine Reservierung ist unerlässlich.

Im Hotel Vier Jahreszeiten, Neuer Jungfernstieg 9-14, Neustadt, Tel. 349 43 33, Di-Do 12-15 u. 18-22.30, Fr 12-15 u. 18-1, Sa 18-1, So 18-23.30 Uhr. 3-Gänge-Menü DM 55 5-Gänge-Menü DM 68 Thunfisch in Sesam-Ingwer-Kruste DM 32

italienisch

La Luna

Auch wenn der Mond nicht durchs Fenster scheint, der langgestreckte, weißgetünchte Raum ist immer romantisch illuminiert. Das Geheimnis: Ausschließlich Kerzen sorgen für die nötige Helligkeit. Kaum haben die Gäste Platz genommen, stehen auch schon frisches Brot und ein fruchtiger Tomatendip auf dem Tisch. Auf der Karte finden sich erfreulich viele Biofleischgerichte, und das komplette Angebot zeugt von Qualitätsbewusstsein und liebevoller Zubereitung. Der Wein wird in so blumigen Worten angepriesen, dass man genau richtig eingestimmt ist, wenn die vorzüglichen Antipasti aufgetischt werden. Auch die Suppen sind köstlich, und das Kalbskotelett auf Mailänder Art kann genauso überzeugen wie die feine Pannacotta zum Dessert. Fazit: der richtige Ort für einen geselligen Abend.

Karolinenstr. 32,
Karolinenviertel,
Tel. 43 36 66,
Mo-Sa 18-24 Uhr.
Rote-Bete-Creme DM 9
Kalbskotelett Mailänder Art DM 34
Panna Cotta mit Rhabarber DM 10

Lo Spuntino

Lange Zeit wurde dieser Italiener im Souterrain als Geheimtipp gehandelt. Von außen weist wenig darauf hin, dass sich hinter den Glasbausteinen im Keller eines Hotels ein Treffpunkt für Liebhaber der bodenständigen italienischen Küche verbirgt. Denn die ausgehängte Karte ist schon lange vergilbt, und das daneben gepinnte Foto vom ehemaligen TV-Moderator und Genießer Erich Böhme ist inzwischen auch wieder verschwunden. Das Ambiente wirkt eher bescheiden, aber die freundliche Padrona Manuela de Bilio, die gern auch mal einen Plausch mit ihren Gästen hält, sorgt für angenehme Atmosphäre. Die wechselnden Gerichte der ligurischen Küche sind auf eine Tafel geschrieben, und die Wahl fällt immer schwer. Besonders zu empfehlen ist der Fisch, der hier oft im Ganzen aus dem Ofen kommt.

Lobuschstr. 26,
Ottensen,
Tel. 390 42 44,
Mi-Mo 18-23 Uhr.
Vitello tonnato DM 14
Wolfsbarsch aus dem Ofen für zwei Personen DM 64
Tiramisu DM 7,50

italienisch

Vero

Die zierliche Anna Sgroi entspricht kaum dem Klischeebild einer gestandenen Köchin, dabei hat die sympathische Italienerin zuammen mit ihrem Partner bis vor kurzem noch das noble „Anna e Sebastiano" geführt. Nun hat es sie nach vielen Jahren an der Spitze zurück zur „wahren" italienischen Küche gezogen. Die kleine Wochenkarte liest sich wie das Ergebnis eines Streifzuges über den Markt: marinierter Thunfisch, begleitet von einer würzigen Mischung aus Kapern und Oliven, Tortellini mit einer Füllung aus Ricotta und Zucchini, Zackenbarsch aus dem Ofen. Alles ist frisch zubereitet, farbenfroh und verbreitet tatsächlich mediterrane Lebenslust. Weil selbst das Einfachste bei Anna zu etwas Besonderem wird, sind natürlich auch die Dolci von außergewöhnlicher Qualität.

Domstr. 17-19,
Altstadt,
Tel. 33 90 51,
Di-Sa 12-22 Uhr.
Marinierter Thunfisch DM 21
Zackenbarsch aus dem Ofen DM 35
Gefüllte Hippen mit Orangensalat und Stracciatella-Eis DM 16

Il Ristorante

Eine der Top-Adressen für italienische Küche in der Hansestadt hat einen deutschen Chefkoch. Aber Uwe Witzke ist, zumindest was das Essen angeht, Italiener aus Überzeugung – auch wenn er mal Matjes anbietet oder sogar ein Gericht aus dem Wok. Seit über zehn Jahren verwöhnt der begabte Küchenchef sein anspruchsvolles Publikum mit immer neuen Kreationen. Natürlich kommt auch das klassisch-italienische Repertoire zu seinem Recht: Spaghetti mit Scampi in einer würzigen Tomatensauce z.B., Kalbsschwanzravioli mit Parmesan und Balsamico. Sogar ein Tiramisu – hier mit dem Zusatz „classico" versehen – findet sich auf der Karte. Die üppigen Blumenarrangements sind berühmt, und das weiße Piano dient nicht nur zur Zierde. Das „Ristorante" ist genau der richtige Ort für ein Geschäftsessen in zentraler Lage.

Hamburger Hof,
Große Bleichen 16,
Neustadt,
Tel. 34 33 35,
Mo-So 12-23 Uhr.
Spaghetti mit Scampi und Tomatensauce DM 24,50
Kalbsschwanz-Ravioli DM 21,90
Tiramisu DM 12,50

Cuneo

Familie Cuneo lockt bereits in dritter Generation prominente und weniger prominente Gäste in ihr Kiez-Lokal. Gekocht wird eher schnörkellos und unter großzügigem Einsatz von Knoblauch. Die Legende „Cuneo" hat ihren Preis, aber ein Abend in Hamburgs ältesten Italo-Restaurant (seit 1905!) ist ein besonderes Vergnügen. Auf der Karte stehen diverse Pastagerichte – lecker: Penne „Zia Rosa" in Tomatensauce mit Radicchio und Pinienkernen –, Fisch vom Grill, Scaloppine, Lammrücken mit Kräutern und die klassischen Dolci.

Davidstr. 11, St. Pauli,
Tel. 31 25 80,
Mo-Sa 18-2 Uhr.
Penne „Zia Rosa" DM 18
Lammrücken mit Kräutern DM 37,50
Dolce mista DM 12

Il Buco

Zugegeben, auf den ersten Blick wirkt das Ristorante am Hansaplatz wenig einladend. Der Raum im Souterrain erinnert unwillkürlich an einen holzvertäfelten Partykeller. Auf der Eckbank haben es sich jedoch schon etliche gut gekleidete Italiener bequem gemacht, und die freundliche Begrüßung zerstreut letzte Zweifel. Die Karte wird mündlich vorgetragen und offeriert solide zubereitete Hauptspeisen und als Highlight hausgemachte Pastagerichte.

Zimmerpforte 5,
St. Georg, Tel. 24 73 10,
Di-So 18-24 Uhr.
Spaghetti alla putanesca DM 14
Kalbsmedaillons auf Sorrentiner Art DM 29
Tiramisu DM 8

San Michele

Das Lokal gegenüber vom Michel gehört zur Kategorie der Edel-Italiener. Das wird schon beim Eintreten deutlich: Marmor, rote Vorhänge vor den großen Fenstern mit Blick auf Hamburgs Wahrzeichen und feinster Damast auf den großzügig im Raum verteilten Tischen. Die Küche steht dem noblen Rahmen in nichts nach: Hausgemachte Pasta mit Meeresfrüchten, geschmorte Jakobsmuscheln und Kalbsbäckchen in Barolo stehen für eine italienische Haute cuisine, die trotz aller Verfeinerung die Bodenhaftung nicht verloren hat.

Englische Planke 8,
Neustadt, Tel. 37 11 27,
Di-So 12-23 Uhr.
Linguine cacio, cozze e pepe DM 19,50
Geschmorte Jakobsmuscheln DM 26,50
Kalbsbäckchen DM 36,50

italienisch

Oca Nera

Orte zum längeren Verweilen und Genießen gibt es in der Innenstadt nicht gerade im Überfluss. Da kommt das „Oca Nera" am Gänsemarkt gerade recht. Seit dem Frühjahr 1999 lädt das schmale Restaurant zum Genuss von gehobener italienischer Kost ein. In elegantem Interieur werden an wenigen Tischen Klassiker der besonderen Art serviert: Der Pulpo mit weißen Bohnen ist ganz besonders zart, das Kalbsfilet kommt in einer samtigen Morchelsauce auf den Tisch, und zum Dessert sind die luftigen Profiteroles mit Schokoladensauce ein heißer Tipp.

Gänsemarkt 21-23,
Neustadt,
Tel. 35 71 44 50,
Mo-Sa 12-24,
So 15-24 Uhr.
Fischsuppe DM 16
Kalbsfilet in Morchelsauce DM 40
Profiteroles DM 9,50

Sale e Pepe

Die Winterhuder Schickeria liebt dieses Ristorante. Auf den ersten Blick wirkt das Lokal ziemlich bescheiden, entpuppt sich aber innen als Ort gehobener Speisen und Preise. Die teuren Antipasti mit Vitello tonnato und Lachscarpaccio halten in Hamburg allerdings jedem Vergleich stand, und die Spaghettini mit Babyhummer – ein Gericht, das als „Secondo" auf der Karte erscheint – sind ein exklusiver Genuss. Vielgelobter Dessert-Klassiker des Hauses: Mascarpone mit Waldbeeren.

Sierichstr. 94,
Winterhude, Tel. 27 38 80,
Mo, Mi-Fr 18-24, Sa, So 12-15 u. 18-24 Uhr.
Antipasti (2 Pers.) DM 49
Spaghettini mit Babyhummer DM 49
Mascarpone mit Waldbeeren DM 18,50

L'Espresso Bar

Worin liegt das Erfolgrezept dieses kleinen Italieners? Die Wände könnten einen neuen Anstrich vertragen, und die Tische sind so eng gestellt, dass es dem Gast eine gewisse Akrobatik abverlangt, an seinen Platz zu gelangen. Doch gerade die Mixtur aus „italienischer" Ausgelassenheit des jungen Publikums und leckeren Pastagerichten zu erschwinglichen Preisen machen die Bar zu einem gern angesteuerten Hit.

Grindelhof 45, Univiertel,
Tel. 44 79 89,
Di-So 12-24 Uhr.
Pappardelle mit Rucola DM 15
Seeteufel vom Grill DM 31
Panna Cotta DM 7

italienisch

Al Pincio

Schauenburgerstr. 59, Altstadt, Tel. 36 52 55, Mo-Fr 12-15 u. 18-24 Uhr.
Gratinierter grüner Spargel DM 14,50
Barbarie-Entenbrust in Portweinsauce DM 34
Mascarpone mit Früchten DM 14,50

Padrone Ermmano Tolone residiert seit 20 Jahren in diesem kleinen Restaurant in unmittelbarer Rathausnähe. Die Einrichtung scheint auch noch aus dieser Zeit zu stammen und weckt Erinnerungen an die späten 70er. Doch der freundlich, aber bestimmt auftretende Padrone hat wenig Anlass, in seinem Ristorante irgendwelche Änderungen vorzunehmen – an der Wand prangt eine gastronomische Auszeichnung neben der anderen. Die Küche schwelgt in barockem Überfluss. Bestes Beispiel: die Barbarie-Entenbrust in Portweinsauce.

Alfredo

Ruhrstr. 6, Bahrenfeld, Tel. 85 96 93, Mi-So 12-14 u. 18-22 Uhr.
Toskanische Bohnensuppe DM 14
Raviolo mit Meeresfrüchten DM 25
Deichlamm in Rosmarinsauce DM 39

Das „Alfredo" ist in das etwas unwirtliche Bahrenfeld umgezogen. Aber schräg gegenüber gibt es schon den „Phönix-Hof", und vielleicht ist das ehemalige Gewerbegebiet ja im Kommen. Innen stechen die imposanten Spiegel ins Auge, die dem kleinen Raum optisch mehr Tiefe verleihen. In der Küche ist zum Glück alles beim Alten geblieben: Klassiker wie die Toskanische Bohnensuppe, hausgemachte Pasta und das Deichlamm in Rosmarinsauce gibt es weiterhin in bewährter Qualität. Lediglich das Angebot an offenen Weinen ist etwas bescheiden.

Come Prima

Eppendorfer Weg 210, Eppendorf, Tel. 420 25 99, Mo-Sa 18-24 Uhr.
Thunfischcarpaccio DM 17,50
Crespelle DM 16,50
Geb. Meeräsche DM 28

„Wie früher" soll es zugehen bei Ricardo Gonzo, das fordert schon der Name des Lokals. Der freundliche Padrone versorgt seine Gäste aufmerksam, und Koch Massimo Senis bringt frische italienische Hausmannskost in bester Qualität auf den Tisch. Experten-Tipp: das Thunfisch-Carpaccio oder die von einer üppigen Tomaten-Sahnesauce begleiteten Crespelle mit einer Füllung aus Ricotta und Spinat.

italienisch

La Vite

Chefkoch Renzo Ferrario kocht seit zwanzig Jahren im „La Vite" klassische italienische Küche. Die Gäste sind meist zufrieden, allerdings sind die gehobenen Preise wohl eher der exquisiten Lage zu verdanken als der herausragenden Qualität der Speisen. Der Mozzarella mit Tomate und Basilikum ist zwar guter Standard, aber leider ein bisschen zu ölig, und auch der gemischte Grillteller stellt keine überragende Leistung dar. Dennoch läßt es sich hier nahe der Universität gemütlich speisen, denn der Service ist sehr freundlich.

Heimhuderstr. 5, Rotherbaum, Tel. 45 84 01, Mo-Fr 12-14.30, Mo-Sa 18.30-22.30 Uhr.
Vitello tonnato DM 21
Fettucine mit Pilzen und Speck DM 19
Kaninchenrücken in Balsamico DM 36

Da Carlo

Wenn ein Restaurant den Besitzer wechselt, geschehen manchmal Wunder. In diesem Fall wurde es von Carlo Spilimbergo bewirkt. Seit der Neueröffnung zieht das ehemalige „Bologna" ein schickes Publikum an. Das Design ist modern, an der Wand ziehen sich gepolsterte Bänke entlang, ein paar Spiegel bilden den einzigen Schmuck. Die Klassiker der Italo-Küche, z.B. die zarte Kalbsleber „venezianisch" mit Salbei, werden mit sicherer Hand zubereitet, und als Dolce gibt es leckere piemontesische Schokoladen-Mandeltorte.

Hudtwalckerstr. 37, Winterhude, Tel. 46 09 20 56, Mo-Sa 18-23 Uhr.
Ziegenkäse mit Artischocke DM 19,50
Stubenküken in Rotwein DM 35,50
Piemonteser Schoko-Mandeltorte DM 14,50

Al Campanile

Antonio di Pinto wird von seinen teils prominenten Gästen heiß geliebt – wer den Padrone besser kennt, nennt ihn schon mal Tonichen, und der so Titulierte geizt auch nicht mit seiner Herzlichkeit. Seine Frau Susanne Neuber steht ihm in nichts nach und umsorgt ihre vielen Stammgäste sehr aufmerksam. Bekannt ist das gemütliche kleine Restaurant für seine Fischgerichte, wie den Seewolf im Salzmantel oder die gegrillte Goldbrasse auf Frisée.

Spadenteich 1, St. Georg, Tel. 24 67 38, Mo-Fr 12-15, Mo-Sa 18-24 Uhr.
Antipasti misti DM 15,50
Goldbrasse auf Frisée DM 29,50
Panna Cotta mit Früchten DM 16,50

italienisch

Ristorante Roma

Dieses Jubiläum darf gefeiert werden: Seit 30 Jahren wirkt Signore Cametti am Hofweg, und der Charme des Uhlenhorster Italieners hat sich nicht verbraucht. Dafür sorgt der Padrone unter anderem mit wechselnden Aktionswochen, z.B. zur Trüffelsaison, und auch Gast-Köche werden im „Roma" gern an den Herd geladen. Es ist ein besonderes Schauspiel, wenn die hausgemachten Tagliatelle vor dem Servieren in einem mächtigen ausgehöhlten Parmesanleib gewendet werden. Tipp: Das viergängige Überraschungsmenü zum Kennenlernen ist besonders günstig kalkuliert.

Hofweg 7, Uhlenhorst,
Tel. 220 25 54,
Mo-Fr 12-15 u. 18.30-23,
Sa 18.30-23 Uhr.
4-Gang-Überraschungsmenü DM 45
Tagliatelle mit Pfifferlingen DM 20
Dessertvariationen DM 20

Il Sole

Die Bewohner der Elbvororte haben es bekanntlich gut: Ihre Wohnlage gilt als privilegiert, und in Nienstedten ist zudem dieser hervorragende Italiener zu finden. Zur Begrüßung gibt es stets einen Prosecco, dem ursprünglich Zubereitetes wie die italienische Bratwurst Salsiccia auf würzigem Rucola folgt. Die Tagliatelle sind natürlich hausgemacht und werden mit Trüffeln kombiniert - ein teures Vergnügen. Insgesamt ist das Preis-Leistungsverhältnis jedoch erfreulich.

Nienstedtener Str. 2d,
Nienstedten,
Tel. 82 31 03 30, Di-So
12-14.30 u. 18-22.30 Uhr.
Salsiccia auf Rucola DM 18
Tagliatelle mit Sommertrüffeln DM 25

Il Gabbiano

Marita Cametti ist bemüht, auch nach dem Fortgang von Padrone Sergio Balladin dessen Stil fortzuführen. Schließlich ist das Eppendorfer Lokal unter dem ehemaligen Chef zu einer der ersten kulinarischen Adressen der Hansestadt avanciert. Fischsuppe, Steinbeißer mit Oliven-Tomatenkruste und das berühmte hausgemachte Trüffeleis sind von bewährter Qualität. Auch das Ambiente in Pastelltönen und mit schönen Blumenarrangements bleibt unverändert.

Eppendorfer Landstr. 145,
Eppendorf, Tel. 480 21 59, Mo-Fr 12-14.30,
Mo-Sa 19-23.30 Uhr.
Fischsuppe DM 18
Steinbeißer in Oliven-Tomaten-Kruste DM 41
Trüffeleis DM 12

italienisch

Little Italy

Vielleicht nicht „Klein-Italien", aber bestimmt „Klein-Eimsbüttel" trifft sich in diesem Restaurant, das schon kurz nach der Eröffnung als Geheimtipp galt. Ohne Reservierung ist hier nichts zu machen. Rudimentäre Italienischkenntnisse können durchaus hilfreich sein, denn das „Little Italy" ist ein echt italienischer Familienbetrieb. Manchmal sieht man „Mamma" und „Papa" aus der Küche auftauchen und möchte sie sogleich zu den wunderbaren Antipasti oder dem Saltimbocca alla Romana beglückwünschen.

Osterstr. 22, Eimsbüttel,
Tel. 40 17 14 87,
Mo-Fr 12-15 u. 18-24,
Sa 18-24 Uhr.
Antipasti für zwei Personen DM 29
Saltimbocca alla Romana DM 22,50
Tiramisu DM 8

La Scala

Bodenständiges auf hohem Niveau wird in diesem Treffpunkt der Eppendorfer Toskana-Fraktion geboten. Padrone Mario Zini tritt lässig im karierten Hemd an den Tisch. Er referiert mündlich, was Küche und Weinkeller zu bieten haben. Der Trentiner Salat (roher grüner Spargel mit eingelegtem, hauchdünn geschnittenem Rindfleisch) ist eine Delikatesse und offenbart zugleich die Herkunft des Chefs. Die Pasta sind hausgemacht, und das viergängige Menü bietet besonders Neulingen lauter schöne Überraschungen.

Falkenried 34, Eppendorf,
Tel. 420 62 95,
Di-So 19-23 Uhr.
Trentiner Salat DM 18
Goldbrasse DM 33
Vier-Gang-Überraschungsmenü DM 70

Mamma Mia

„Mamma Mia" – das könnte vielleicht einer der Pizzabäcker ausrufen, wenn die Bestellungen kein Ende nehmen. Denn das rustikal eingerichtete Lokal in Altona ist bekannt für hervorragende Pizzen. Die meisten Gäste kommen allein deshalb hierher. Gleich am Eingang kann man den Bäckern dabei zusehen, wie sie schwungvoll den Teig in der Luft kreisen lassen, mit geübten Handgriffen den Belag verteilen und die runden Köstlichkeiten im Holzofen platzieren.

Barnerstr. 42, Ottensen,
Tel. 390 03 86,
Mo-So 11.45-14.45 u. 17.45-23.45 Uhr.
Pizza Inferno DM 16
Lammrücken in Cognacsauce mit Pfifferlingen DM 29,50

neue küche

Mess

Paris-Fans finden im Karoviertel ein bisschen französisches Flair. Hier ist nicht alles auf Hochglanz poliert, und auch im Souterrain-Lokal im Herzen des Viertels wird auf Designerchic verzichtet: Unter der niedrigen Decke verlaufen offen Heizungsrohre, und die Beleuchtung ist schummrig. Die Küche ist jedoch auf höhere Ansprüche ausgelegt. Die ansprechende wechselnde Karte offeriert mal Mediterranes, mal Österreichisches, und trendgerecht findet sich ein Hauch von „Asien" in den fein abgeschmeckten Gerichten. Besonders schön kommt diese Note beim mit Zitronengras marinierten Seeteufelcarpaccio zur Geltung. Und das Kaninchen mit Zuckerschoten wird durch die dezent eingesetzte Würze des Korianders richtig interessant.

Turnerstr. 9,
Karolinenviertel,
Tel. 43 41 23,
Mo-Fr 12-15 u. 18-1,
Sa, So 18-1 Uhr.
Seeteufelcarpaccio DM 19,50
Lammcarré mit grünen Bohnen in Thymianjus DM 34
Crème Brulée DM 10

Vienna

Wo sonst gibt es Kaninchen-Rillettes mit Rhabarber als Vorspeise oder gebratene Entenherzen am Spieß? Schon am frühen Abend füllt sich das Lokal, denn Reservierungen werden grundsätzlich nicht entgegengenommen. Der eng bestuhlte Raum hat im Laufe der Zeit Patina angesetzt, wie ein echtes Wiener „Beisl", die Küche aber ist nicht in die Jahre gekommen. Viele Fans wählen ausschließlich Vienna-Klassiker, wie das Wiener Saftgulasch mit sahnigem Gurkensalat oder die Kalbskutteln. Wer gute Innereien zu schätzen weiß, ist hier genau richtig, auch wenn es bei großem Andrang mal etwas länger dauern kann. Bis zum Dessert sollte man ausharren, denn das Warten lohnt sich! Die Stimmung unter den Gästen – darunter viele Kulturschaffende – ist ausgelassen, die Geräuschkulisse entsprechend. Im Sommer steht zusätzlich eine lauschige Terrasse zur Verfügung.

Fettstr. 9,
Eimsbüttel,
Tel. 439 91 82,
Di-So 14-2 Uhr,
warme Küche ab 19 Uhr.
Rahmsuppe von Zuckerschoten DM 10
Wiener Saftgulasch DM 25
Grießflammeri mit Rhabarberkompott DM 9

Nil

Das ehemalige Schuhgeschäft am Neuen Pferdemarkt hat sich zu einer Top-Adresse für trendbewusste Genießer entwickelt (unbedingt reservieren!). Die besten Plätze befinden sich auf der Galerie am geschwungenen 50er Jahre-Geländer. Eng ist es zwar auch hier, und der Geräuschpegel steigt mit der Zahl der Gäste stetig an, doch beim Studium der hübschen, rot eingebundenen Karte dürfte jedem das Wasser im Mund zusammenlaufen. Die Suppen, z.B. die würzige Artischockencreme, verdienen besondere Beachtung. Auch der rosa gebratene Hirschkalbsrücken mit Süßkartoffel-Püree zeugt von Können und Fantasie der Köche. Wer die Mühe der Weinauswahl scheut, bekommt zum drei- bis sechsgängigen Menü die Weinempfehlung gleich mitgeliefert.

Neuer Pferdemarkt 5,
St. Pauli,
Tel. 439 78 23,
Mo-Fr 12-14.30,
So-Do 18-23.30,
Fr, Sa 18-24 Uhr.
Artischockencreme DM 9
Hirschkalbsrücken DM 38
Quarksoufflée mit glasierten Äpfeln DM 13
3-Gänge-Menü DM 58

Cox

Hamburgs „Stadtneurotiker" pilgern nun in noch größerer Zahl nach St. Georg. Im letzten Jahr wurde ihr Lieblingsbistro zur Langen Reihe hin erweitert, und das Ambiente allein ist schon einen Besuch wert. Hinter der neuen Vorderfront sieht es aus wie in einem eleganten Pariser Bistro aus den 20er Jahren. Hier passt alles: von den bequemen roten Lederbänken und der verspiegelten Bar bis zu den großen Kugelleuchten. Das neue Flair scheint auch dem Küchenteam noch einmal Auftrieb gegeben zu haben. Die detaillierten Beschreibungen der Gerichte versprechen nicht zu viel: Der gebratene Thunfischspieß wird von einem herb-fruchtigen Fenchel-Melonensalat begleitet, das Perlhuhn auf italienische Art mit Mozzarella und Pinienkernen angerichtet. Alles ist harmonisch zusammengestellt und wird hübsch präsentiert. Das Personal behält auch bei großem Andrang den Überblick.

Lange Reihe 68 u. Greifswalder Str. 43, St. Georg,
Tel. 24 94 22,
Mo-Fr 12-15 u. 19-23.30,
Sa, So 19-23.30 Uhr.
Thunfischspieß, Fenchel-Melonensalat DM 19,50
Perlhuhn-Suprème DM 32
Vanillecreme in Blätterteig mit Rhabarber-Kaffee-Eis DM 13

Curio

Der monumentale Bau an der Rothenbaumchaussee ist vielen noch aus Studienzeiten bekannt, als im ersten Stock eine Mensa untergebracht war. Nach aufwendiger Renovierung wurde das Gebäude aus dem Jahr 1911 nun wieder seiner eigentlichen Bestimmung zugeführt. Unten in einem schönen, weitläufigen Saal werden Gourmets mit den feinen Kreationen von Thorsten Wallbaum verwöhnt. Gelobt wird u.a. die kräftige, sehr aromatische Hummerschaumsuppe, und auch Fisch- und Fleischgerichte sind immer auf den Punkt gegart. Neben Standards wie dem Wiener Schnitzel findet man auch Ausgefalleneres. Wer hätte gedacht, dass Taube und Kaninchen so gut auf einen Teller passen? Leider hat das schicke Ambiente auch seinen Preis.

Rothenbaumchaussee 11,
Univiertel,
Tel. 41 33 48 11,
Mo-Fr 12-24,
Sa 18-24 Uhr.
Hummerschaumsuppe DM 13
Variation von Taube und Kaninchen DM 37
Orangen-Tee-Savarin mit Früchten und Safraneis DM 13

Rexrodt

In die Milchglasscheibe ist in großen Lettern die Jahreszahl 1896 eingelassen. Vor mehr als hundert Jahren wurde hier in Uhlenhorst eine Schlachterei eröffnet, jetzt beherbergen die Räumlichkeiten ein zeitgemäßes, niveauvolles Bistro. Zum Glück hat das Interieur die Zeit unbeschadet überstanden, denn die schönen Jugendstilkacheln sind einzigartig. Ihnen verdankt das fast immer ausgebuchte Lokal seine ganz besondere Atmosphäre. Auch was auf den Tisch kommt, kann sich sehen lassen – die dekorativ mit Tomatenwürfeln angerichteten grünen Spargel genauso wie das in Weißwein geschmorte Zicklein aus dem Ofen. Alles wird kompetent zubereitet und schmeckt vorzüglich. Mit einem dreigängigen Menü ist man gut bedient. Das junge Publikum fühlt sich hier wie zu Hause, und entsprechend gelöst ist die Stimmung vor allem zu später Stunde.

Papenhuder Str. 35,
Uhlenhorst,
Tel. 229 71 98,
Mo-So 19-1 Uhr.
Drei-Gang-Menü DM 58
Zicklein in Weißwein DM 35
Erdbeergratin mit Vanilleeis DM 12

neue küche

Williamine

Kleiner Schäferkamp 16,
Eimsbüttel, Tel. 44 44 97,
Di-Sa 18-1 Uhr.
Schnupper-Menü DM 48
Rote-Bete-Suppe DM 14
Saltimbocca DM 39
Vanille-Eis mit Pflaumen
DM 16

Patron Arthur Richelmann steht in seinem kleinen, ganz in weinrot gehaltenen Restaurant nicht nur am Herd, sondern kümmert sich auch um seine Gäste. In der Woche gibt es ein dreigängiges „Schnuppermenü". A la carte empfiehlt der Chef den heißbegehrten Klassiker des Hauses, ein Rote-Bete-Süppchen mit Angusrindstreifen – wirklich ein gelungener Auftakt. Das Saltimbocca gerät manchmal etwas trocken, aber das hausgemachte Bourbonvanille-Eis mit in Zimtbutter gedünsteten Pflaumen gleicht die kleine Schwäche wieder aus.

Jena Paradies

Klosterwall 23,
St. Georg, Tel. 32 70 08,
Mo-So 11-23 Uhr.
Kalbskopfsülze mit Kräuter-Kartoffelsalat
DM 18,50
Kalbfleischknödel mit Spargel, Morcheln, Flusskrebsen DM 26,50

Das schöne Bistro mit dem rätselhaften Namen zieht viele Kulturschaffende an, die abwechslungsreiche und bodenständige Kost schätzen und unverdrossen gegen die schlechte Akustik des hohen Raumes anreden. Auf der Karte stehen wie im Schwester-Restaurant „Vienna" oft Innereien und Deftiges wie Kalbskopfsülze mit Kartoffelsalat. Aber die Karte bietet für jeden Geschmack etwas und hält auch Überraschungen bereit. Die Portionen sind üppig. Da kann die fantastische Crème brulée schon zur Herausforderung werden.

Lambert

Osdorfer Landstr. 239,
Osdorf, Tel. 80 77 91 66,
Di-So 18-24,
Sa, So auch 12-15 Uhr.
Tafelspitzsülze DM 20
Rinderbraten DM 29
Apfel-Birnen-Kaltschale
mit Vanille-Parfait DM 12

Thorsten Gillert, der das legendäre „Opus" begründete, ist nicht lange in Osdorf geblieben. Im Streit mit Inhaber Lambsdorff verließ er das Restaurant über „Jacques' Weindepot" und heuerte auf einem Luxusliner an. Das „Lambert" aber gibt es noch. Die Idee, Weinhandlung und Restaurant zu verbinden, überzeugt. Die saisonale Küche trägt noch die Handschrift des ehemaligen Küchenchefs: Tafelspitzsülze, Rinderbraten Esterhazy, Apfel-Birnen-Kaltschale mit Vanilleparfait.

neue küche

Zippelhaus

Hinter einer Kontorfassade verbirgt sich das weitläufige moderne Restaurant, dessen Vergangenheit als Zwiebellager sich nicht mehr erahnen lässt. Chefkoch Stephan Schranz geht mit Feingefühl und Fantasie zu Werk, und das monatlich wechselnde vier- bis sechsgängige Menü (Wein inklusive) ist eine besondere Verlockung, wenn Spargelsuppe mit Flusskrebsen, Perlhuhnbrust mit Spitzkohl, Ziegenquark mit Nüssen und Akazienhonig-Brioche kombiniert werden.

Zippelhaus 3, Altstadt,
Tel. 30 38 02 80,
Mo-Fr 12-14.30 u.18-23,
Sa 18-23 Uhr.
4-Gänge-Menü DM 72
6-Gänge-Menü DM 98
Gebratene Poulardenbrust DM 37

Stock's Fischrestaurant

Witzigmann-Schüler Heiko Stock hat es aufs Land verschlagen. Und tatsächlich gleicht ein Essen in dem hübschen Fischrestaurant einer erholsamen Landpartie. Bei der Wahl des viergängigen Überraschungsmenüs kann sich der Gast entspannt zurücklehnen und den Kreativen in der Küche vertrauen. Erstaunlich, was man aus Fisch so alles machen kann, vom Blankeneser Krabbensüppchen bis zum Soufflierten Seesaibling auf italienischem Gemüse. Ein Dessert wie die Kokosmousse im Hippenblatt mit marinierten Erdbeeren lockt auch eingefleischte Großstädter nach Ellerbek.

Hauptstr. 1, Ellerbek,
Tel. 04101-38 35 65,
Di-Fr, So 12-15,
Di-So 18-23 Uhr.
4-Gänge-Überraschungsmenü DM 72
Vorspeisenvariationen
DM 24
Grießknödel auf Rhabarbermousse mit Eis DM 16

Atlas

Das elegante Restaurant im ehemaligen Gewerbehof hat sich den griechischen Namensgeber in Form einer lebensgroßen Skulptur ins Lokal geholt. Sonst hat man auf schmückendes Beiwerk verzichtet. Dunkles Parkett, rotgepolsterte Sitzbänke und Stühle ergeben einen harmonisches Ganzes. Und dem entspricht auch die Küche: Hausgeräucherte Entenbrust auf Mango-Gurkensalat und Loup de Mer auf Schalotten-Thymian-Sauce mit Salat sind leicht und originell zubereitet.

Schützenstr. 9a, Bahrenfeld, Tel. 851 78 10,
Mo-Sa 12-16,
Mo-So 18.30-23.30
(So 10.30-15 Uhr Brunch).
Hausgeräucherte Entenbrust DM 21,50
Loup de Mer DM 34,50

neue küche

Wollenberg

Michael Wollenberg, der Sonnyboy der kulinarischen Szene, hat die Anker im Harburger „Marinas" gelichtet, um an der Alster festzumachen. In seiner schmucken Villa ist alles durchgestylt: von der Bar im Untergeschoss über das weitläufige Restaurant im Obergeschoss bis zum begehbaren Humidor. Fisch und Meerestiere stehen im Zentrum, ob als Frikassee vom Hummer mit getrüffeltem Kartoffelpüree oder in Form eines gedämpften Steinbutts mit Meerrettich. Das dreigängige Menü ist günstig kalkuliert, der offene Wein leider nicht.

Alsterufer 35,
Rotherbaum,
Tel. 450 18 50,
So-Fr 12-15,
Mo-So 18-23 Uhr.
3-Gänge-Menü DM 65
Gedämpfter Nordseesteinbutt mit Sahne-Meerrettich-Sauce DM 59

Erich

Erich ist nicht der Name einer Eckkneipe in St. Pauli, sondern einer noch relativ jungen Gourmet-Institution unter dem Dach des Private Art Museums. Hier lässt sich mit Blick auf den abendlichen Trubel der Reeperbahn stilvoll speisen. Nicht nur die schönen Räumlichkeiten, Lüster an der hohen Decke, rote Lederbänke und natürlich erotische Kunst an der Wand, sind geschmackvoll dekoriert, auch was auf dem Teller landet, kann sich sehen lassen. Gourmet-Tipp: Carpaccio von der Ochsenlende auf Buttermilch-Senfsauce oder Zander auf Rotweinschalotten.

Erichstr. 19, St. Pauli,
Tel. 31 78 49 99,
Di-Sa ab 19 Uhr,
So ab 11 Uhr Brunch.
Carpaccio von der
Angus-Ochsenlende
DM 18
Zander auf Rotweinschalotten DM 29

A table

In dem hübschen Souterrain-Lokal bittet Inhaber Michael Weißenbruch persönlich zu Tisch. Der Patron liebt den Plausch mit den Gästen. So manche mit sicherer Hand komponierte Überraschung wird hier serviert, z.B. ein Champagner-Linsensüppchen, das am Tisch mit einem wohldosierten Schuss Schaumwein aufgepeppt wird. Langeweile kommt nie auf, denn die Karte wechselt alle zwei Tage.

Dorotheenstr. 33, Winterhude, Tel. 280 76 98,
Mo-Fr 12-14.30 u. 18-23,
Sa 18-24 Uhr.
Linsensüppchen DM 13
Französische Blutwurst im Bierteig DM 26

Zeik

Längst stehen die lange umstrittenen Grindelhochhäuser unter Denkmalschutz, und wer sich davon überzeugen möchte, wie modern so ein Gebäude von innen aussehen kann, ist hier an der richtigen Adresse. In der offenen Showküche wird seit Jahren konsequent multikulturell gekocht. Vorweg gibt's z.B. ein Sashimi vom Lachs, danach Coq au vin und Mohnkuchen mit Kirschen. Das teils prominente Publikum liebt das „Zeik" noch immer, auch wenn der große Ansturm der Anfangsjahre sich spürbar gelegt hat.

Oberstr. 14 a, Hoheluft,
Tel. 420 40 14,
Mo-So 12-15 u.
18-23.15 Uhr.
Sashimi vom Lachs
DM 23
Coq au vin DM 19
Mohnkuchen mit
Kirschen DM 12

Marinas

Das „Marinas" ist modern durchkonzipiert: Die Räume sind poppig, das Küchenpersonal ist ganz amerikanisch in T-Shirt und Baseballkappe gewandet, und gekocht wird ebenfalls zeitgemäß. Fisch ist Trumpf, und im 4-gängigen Surprise-Menü kommt er z.B. in einer Terrine und gebraten (Steinbeißerfilet) auf den Tisch. Patron Jürgen Langenbacher beherrscht sein Handwerk, aber die hektische Umgebung schmälert das Essvergnügen ein wenig.

Schellerdamm 20,
Harburg, Tel. 765 38 28,
Mo-Fr 12-15,
Mo-Sa 18-23 Uhr.
4-Gänge-Surprise-Menü
DM 75
6-Gänge-Abend-Menü
DM 99

Ventana

East meets west in diesem edlen Restaurant in Harvestehude. Der junge Koch Arne Schönrock ist von unermüdlicher Experimentierfreude getrieben. Das Ergebnis lockt allabendlich ein schickes Publikum in Scharen an – mittags geht es etwas entspannter zu. Die Karte bietet einen fantasievollen Streifzug durch euro-asiatische Gefilde, vom geeisten Gurkensüppchen mit Hummer-Einlage, das mit Koriander gewürzt ist, bis zur Poulardenbrust in Tandoorisauce. Wer es wagt, wird beim Überraschungsmenü reich beschenkt.

Grindelhof 77,
Harvestehude,
Tel. 45 65 88,
Mo-Fr 12-14.30 u.
18.30-23.30 Uhr.
Überraschungsmenü
DM 79
Geeiste Gurkensuppe mit
Hummer DM 10

neue küche

Stocker

Eine gute Nachricht für alle Liebhaber der österreichischen Küche: Manfred Stocker, lange Jahre Chefkoch im „Österreich", ist zurück in Hamburg. Der gebürtige Wiener hat in Altona den passenden Ort für sein neues Restaurant gefunden. Putten an der Decke, kunstvolle Wandmalereien und üppige Rosenbouquets sorgen für einen anheimelnden Rahmen, im Sommer kann sogar im schönen Garten Platz genommen werden. Die Küche bietet beliebte Klassiker in moderner Ausführung: Wiener Schnitzel mit Kartoffel-Gurkensalat und natürlich den original Tafelspitz mit Schnittlauchsauce, Apfelkren, Rahmspinat und Kartoffelgröstl. Vorweg gibt es traditionell eine Suppe, z.B. mit Grießnockerln. Auch wenn der zarte Tafelspitz schon fast satt und glücklich macht, auf ein Dessert wie den schokoladigen „Mohr im Hemd" sollte man im „Stocker" auf keinen Fall verzichten.

Max-Brauer-Allee 80,
Altona,
Tel. 38 61 50 58,
Di-Sa ab 11.30 u.
ab 18, So ab 18 Uhr.
Tafelspitz (inklusive Suppe) DM 31
Wiener Schnitzel DM 29,50
Mohr im Hemd DM 11

Vinorante Kaven

Die Gegend rund um die Oper galt gastronomisch bisher als Ödland. Das hat sich durch einen Neuzugang in der wilhelminisch mit Säulen protzenden Alten Post glücklicherweise geändert. Der aus Münster stammende Küchenchef Asmus Kaven hat nach Erfahrungen in München nun in Hamburg eine neue Heimat gefunden und seinem Restaurant selbstbewusst den eigenen Namen gegeben. Obwohl das Lokal im Souterrain liegt, sind die Räumlichkeiten hell und großzügig und ohne überflüssigen Schnickschnack stilvoll eingerichtet. Der Patron legt großen Wert auf die Güte der Zutaten, er beherrscht die feine Kochkunst und glänzt mit ausgefallenen Ideen. Highlights: der Löwenzahnsalat zu warmer Perlhuhnterrine und das Rinderfilet mit Schalottensauce.

Stephansplatz 1,
Neustadt,
Tel. 35 71 00 07,
Mo-Fr 12-14.30 u.
17.30-23,
Sa, So 17.30-23 Uhr.
Drei-Gang-Menü DM 49
Perlhuhnterrine mit Löwenzahnsalat DM 18,50
Rinderfilet mit Schalotten DM 34

Ashoka

Dieses kleine indische Restaurant hat ein treues Stammpublikum. Es gibt gutes Essen zu moderaten Preisen, und für ein Kiez-Lokal ist es erstaunlich ruhig. Spezialität des Hauses ist die Reistafel „Spezial", die einem kleinen Menü entspricht. Vorweg werden gleich vier verschiedene Leckereien aufgetischt, u.a. marinierte Hähnchenbrust und delikate Lammhackbällchen mit passierten Linsen. Genauso üppig geht es weiter. Zu den Hauptgerichten werden aromatischer Safran-Basmatireis mit Cashewkernen und Mango-Chutney gereicht.

Budapester Str. 25,
St. Pauli, Tel. 31 28 34,
Mo-So 18-24 Uhr.
Pakora (Gemüse in Kichererbsenteig) DM 7
Reistafel Spezial DM 32
Rasmalai (Quarkbällchen mit Pistazien-Rahmsauce) DM 6

Ugarit

Draußen, vor dem Altonaer Rathaus, fahren hupende Hochzeitsgesellschaften vorbei, drinnen herrscht exklusive Ruhe. Bei einem Aperitif im Foyer kann man sich schon einmal auf die zu erwartenden Köstlichkeiten einstimmen. Die Speisekarte tut ein übriges: „Das Tor zur alten Königsstadt Ugarit öffnet sich ...", heißt es da. Die Mazze sind zweifellos die Visitenkarte der syrischen Küche. Manche Hauptspeisen, z.B. die gegrillte Goldbrasse und das Lammfilet mit Joghurt-Minzsauce, reichen nicht ganz an diese Vorspeisen heran.

Max-Brauer-Allee 12,
Altona, Tel. 380 56 18,
So-Do 19-23,
Fr, Sa 19-24 Uhr.
12 Mazze DM 34
Gegrillte Goldbrasse auf Zitrone-Walnuss-Paprika-Sauce DM 33
Lammfilet DM 31

Shikara

Hinduistische Gottheiten flankieren die bunten Sitzbänke dieses beliebten Inders, der neben seinem Restaurant mit angeschlossenem „Quick" jetzt noch eine Dépendance in Ottensen eröffnet hat. Im gemütlichen Halbdunkel kann man sich mit einer Linsensuppe mit Korianderblättern auf die Gewürz- und Geschmacksvielfalt der indischen Küche einstimmen. Die Götter lächeln milde, denn die zahlreichen Spezialitäten werden zwar fein abgeschmeckt, aber nicht zu scharf gewürzt.

Eppendorfer Marktplatz,
Eppendorf, Tel. 480 89 59,
Mo-So 18-24 Uhr.
Pakora (Gemüse in Kichererbsenteig) DM 9,50
Chicken Bangolare Curry (mit scharfer Kokossauce) DM 22,50

orientalisch

Saliba

Es ist das älteste und zugleich das edelste unter den syrisch-libanesischen Restaurants der Stadt. Hinter den roten Ziegeln einer ehemaligen Fabrikhalle in Bahrenfeld verbirgt sich ein Interieur, das Tradition und Moderne geschickt miteinander verbindet. Zunächst nehmen die Gäste auf einem der niedrigen Sessel im wunderschönen Foyer Platz und bekommen ein Glas gesüßten Pfefferminztee und Datteln gereicht. Bei leise plätscherndem Wasser können sie sich so auf die zu erwartenden orientalischen Genüsse einstimmen. Auftakt und Höhepunkt zugleich ist die in vielen kleinen Schälchen aufgetragene Vorspeisenvariation „Mazza". Die nachfolgende gegrillte Dorade ist saftig, und die mit Pistazien und Feigen gefüllte Perlhuhnbrust auf Aprikosensauce erfrischend fruchtig. Ein Besuch im „Saliba" ist immer ein Erlebnis, das allerdings auch seinen Preis hat.

Leverkusenstr. 54,
Bahrenfeld,
Tel. 85 80 71,
Mo-So 12-24 Uhr.
Mazza (ab 2 Personen)
pro Person DM 23,50
Gegrillte Dorade DM 39
Gefüllte Perlhuhnbrust auf
Aprikosensauce DM 38

Harran

Im „Harran" wird seit Jahren auf hohem Niveau anatolisch gekocht. In den hübsch gekachelten Räumen einer ehemaligen Schlachterei hat der Gast bei einem Aperitif des Hauses (Wodka mit erfrischender Honigmelone) die Qual der Wahl. Denn die türkische Vorspeisenkultur, auch „meze" genannt, bietet eine unübersehbare Vielzahl an Gemüse-, Fisch- und Fleischgerichten: geschmort, püriert, mit Knoblauch und Olivenöl abgeschmeckt oder mit Joghurt angereichert. Bekannt sind die gefüllten Weinblätter, aber es gibt auch gefüllten Porree oder gebratene Aubergine. Bei den Hauptgerichten ist die Variationsbreite kaum weniger groß: Hinter „Hindi-Samra" verbirgt sich z.B. eine mit Gemüse und Mandeln gefüllte Putenbrust.

Eppendorfer Weg 9,
Eimsbüttel,
Tel. 439 39 53,
Di-So 18-1 Uhr.
Gefüllte Weinblätter in
leichter Joghurtsauce
DM 8,50
Gefüllter Porree DM 6,50
Putenbrust mit Mandel-
und Gemüsefüllung
DM 22,50

orientalisch

Jaipur

Lerchenfeld 14, Munds-
burg, Tel. 220 94 75,
Mo-So 17-24 Uhr.
Daal Soup DM 6,50
Chili Chicken DM 20
Reisplatte „Fleisch"
(inklusive Vorspeisentel-
ler) ab zwei Pers. pro
Pers. DM 37,50

Das ehemalige Hammonia-Bad aus dem Jahr 1928 ist ein architektonisches Kleinod – vor dem Abstieg in das „Indian Tandoori-Restaurant" verdient das Foyer also besondere Beachtung. Im Restaurant selbst wird englischer Kolonialstil gepflegt. Hochlehnige Stühle mit Schnitzereien, Ventilatoren und Kristallüster verbreiten exotische Atmosphäre. Die Spezialität des Hauses sind üppig bestückte Reisplatten für zwei Personen. Auf der Reisplatte „Fleisch" wird Tandoori Chicken, Vegetable Pakora und Beef Kashmiri kombiniert.

Shalimar

Dillstr. 16, Univiertel,
Tel. 44 24 84,
Mo-So 18-24 Uhr.
Jubiläumsmenü ab zwei
Pers. pro Pers. DM 45
(nur in der Woche)
Chicken Madras DM 23
Indisches Dessert DM 10

Wenn der Gast das prächtige Portal durchschritten hat, befindet er sich in einem typisch indischen Ambiente mit Anklängen an den englischen Kolonialstil. Der Inder im Univiertel feiert gerade 25jähriges Bestehen, und die Gäste, u.a. die prominenten Freunde des Chefs, können natürlich mitfeiern, z.B. mit einem Jubiläumsmenü. Bei der Schärfe der Gerichte wird übrigens Rücksicht auf europäische Gaumen genommen, also keine Angst vor „Chicken Madras" (in Curry-Kokos-Sauce).

El Amir

Hoheluftchaussee 75,
Hoheluft,
Tel. 42 91 38 83,
Mo-Fr 12-15 u. 18-23,
Sa 16-23, So 18-23 Uhr.
Mazze für 2 Pers.
ab DM 28
Hähnchenspieß mit Salat
DM 26

Von der arabischen Gastlichkeit könnte der Europäer einiges lernen, z.B., dass Genuss Entspannung voraussetzt. Mitten auf der vielbefahrenen Hoheluftchaussee, hinter einer unscheinbaren Fassade, findet man beides. Im geschmackvollen Foyer des libanesischen Restaurants kann sich der Gast zunächst bei einem Aperitif auf das Essen einstimmen. Die variationsreiche Vorspeisenauswahl „Mazze" ist immer wieder ein besondere Augenweide und Gaumenfreude. Dagegen kommt manches Hauptgericht kaum an.

Konzertsäle, Musik-Clubs

CCH-Congress-Centrum-Hamburg, Tiergartenstr. 2, Rotherbaum, Tel. 35 69-0
- Curio, Rothenbaumchaussee 11, Univiertel, Tel. 41 33 48 11. S. 53
- La Mirabelle, Bundesstr. 15, Univiertel, Tel. 410 75 85. S. 21
- Trader Vic's, Im Radisson SAS Hotel, Marseiller Str. 2, Rotherbaum, Tel. 35 02 34 40. S. 33

Curiohaus, Rothenbaumchaussee 13, Rotherbaum, Tel. 413 34 80
- La Vite, Heimhuderstr. 5, Rotherbaum, Tel. 45 84 01. S. 45
- Curio, Rothenbaumchaussee 11, Univiertel, Tel. 41 33 48 11. S. 53
- Wollenberg, Alsterufer 35, Rotherbaum, Tel. 450 18 50. S. 57

Docks, Spielbudenplatz 19, St. Pauli, Tel. 31 78 83-11
Mojo Club, Reeperbahn 1, St. Pauli, Tel. 319 19 99, Info-Line 43 52 32
- Man Wah, Spielbudenplatz 18, St. Pauli, Tel. 319 25 11. S. 9
- Cuneo, Davidstr. 11, St. Pauli, Tel. 31 25 80. S. 41
- Ashoka, Budapester Str. 25, St. Pauli, Tel. 31 28 34. S. 61

Fabrik, Barnerstr. 36, Ottensen, Tel. 391 07-0
- Voltaire, Friedensallee 14-16, Ottensen, Tel. 39 70 04. S. 19
- Eisenstein, Friedensallee 9, Ottensen, Tel. 390 46 06. S. 35
- Mamma Mia, Barnerstr. 42, Ottensen, Tel. 390 03 86. S. 49

Große Freiheit 36, Schmuckstr. 5, St. Pauli, Tel. 317 77 80
Grünspan, Große Freiheit 58, St. Pauli, Tel. 31 36 16
- Freudenhaus, Hein-Hoyer-Str. 9, St. Pauli, Tel. 31 46 42. S. 13
- Lubov, Nobistor 35, St. Pauli, Tel. 317 44 50. S. 29

Logo, Grindelallee 5, Univiertel, Tel. 410 56 58
- La Mirabelle, Bundesstr. 15, Univiertel, Tel. 410 75 85. S. 21
- L'Espresso Bar, Grindelhof 45, Univiertel, Tel. 44 79 89. S. 43
- Shalimar, Dillstr. 16, Univiertel, Tel. 44 24 84. S. 64

Markthalle (MarX), Klosterwall 9-21, St. Georg, Tel. 33 94 91
- Sinoma, Im Levantehaus, Mönckebergstr. 7, Altstadt, Tel. 32 52 62 16. S. 10
- Classic-Restaurant im Reichshof, Kirchenallee 34-36, St. Georg, Tel. 24 83 30. S. 31
- Jena Paradies, Klosterwall 23, St. Georg, Tel. 32 70 08. S. 54

Musikhalle, Johannes-Brahms-Platz, Neustadt, Tel. 35 76 66-0, Ticket-Hotline 34 69 20
- Dominique, Johannes-Brahms-Platz 11, Neustadt, Tel. 34 45 11. S. 19
- Lilienthal, Kaiser-Wilhelm-Str. 71, Neustadt, Tel. 35 29 93. S. 34
- Zorba the Buddha, Karolinenstr. 7-9, Karolinenviertel, Tel. 439 47 62. S. 73

Museen, Galerien

Altonaer Museum, Museumsstr. 23, Altona, Tel. 380 75 14 u. 899 21 48
- Lo Spuntino, Lobuschstr. 26, Ottensen, Tel. 390 42 44. S. 39
- Ugarit, Max-Brauer-Allee 12, Altona, Tel. 380 56 18. S. 61

Deichtorhallen, Deichtorstr. 1-2, Altstadt, Tel. 32 10 32 30
- Jena Paradies, Klosterwall 23, St. Georg, Tel. 32 70 08. S. 54
- Zippelhaus, Zippelhaus 3, Altstadt, Tel. 30 38 02 80. S. 55

Erotic Art Museum, Nobistor 10a, St. Pauli, Tel. 317 84 10
- Lubov, Nobistor 35, St. Pauli, Tel. 317 44 50. S. 29

Hamburger Kunsthalle/Galerie der Gegenwart, Glockengießerwall 1, Altstadt, Tel. 24 86 26 12
- Yamato, Ernst-Merck-Str. 4, St. Georg, Tel. 24 79 04. S. 7
- Atlantic Restaurant, Im Hotel Atlantic, An der Alster 72-79, St. Georg, Tel. 288 80. S. 26
- Bar Hamburg, Rautenbergstr. 6-8, St. Georg, Tel. 28 05 48. S. 30

Hamburger Kunstverein, Klosterwall 23, St. Georg, Tel. 33 83 44
Museum für Kunst und Gewerbe, Steintorplatz 1, Altstadt, Tel. 24 86-26 30
- Sinoma, Im Levantehaus, Mönckebergstr. 7, Altstadt, Tel. 32 52 62 16. S. 10
- Classic-Restaurant im Reichshof, Kirchenallee 34-36, St. Georg, Tel. 24 83 30. S. 31
- Jena Paradies, Klosterwall 23, St. Georg, Tel. 32 70 08. S. 54

Hamburgisches Museum für Völkerkunde, Rothenbaumchaussee 64, Rotherbaum, Tel. 441 95-25 24
- L'Espresso Bar, Grindelhof 45, Univiertel, Tel. 44 79 89. S. 43
- La Vite, Heimhuderstr. 5, Rotherbaum, Tel. 45 84 01. S. 45
- Ventana, Grindelhof 77, Harvestehude, Tel. 45 65 88. S. 59

Helms-Museum, Museumsplatz 2, Harburg, Tel. 77 17 06 09
- Marinas, Schellerdamm 20, Harburg, Tel. 765 38 28. S. 59
- Méson Galizia, Maretstr. 60, Harburg, Tel. 766 63 15. S.67

Kampnagel (siehe Theater)
- Mühlenkamper Fährhaus, Hans-Henny-Jahnn-Weg 1, Uhlenhorst, Tel. 220 69 34. S.15
- A table, Dorotheenstr. 33, Winterhude, Tel. 280 76 98. S. 57
- Chez Jaques, Gertigstr. 42, Winterhude, Tel. 279 29 38. S. 19

Museum der Arbeit, Maurienstr. 19, Barmbek, Tel. 29 84 23 64
- Jaipur, Lerchenfeld 14, Mundsburg, Tel. 220 94 75. S.64 (Mit der U 2 bis Mundburg)
- Casa Angel, Humboldtstr. 41, Mundsburg, Tel. 227 88. S. 69 (Nur mit Auto erreichbar)

Museum für Hamburgische Geschichte, Holstenwall 24, Neustadt, Tel. 35 04 23 80
- Dominique, Johannes-Brahms-Platz 11, Neustadt, Tel. 34 45 11. S. 19
- Lilienthal, Kaiser-Wilhelm-Str. 71, Neustadt, Tel. 35 29 93. S. 34
- Zorba the Buddha, Karolinenstr. 7-9, Karolinenviertel, Tel. 439 47 62. S. 73

Der kulinarische Kulturguide von

Der Kulturguide weist Ihnen den Weg zu empfohlenen Restaurants, die sich ganz in der Nähe der wichtigsten Kulturtempel der Stadt befinden. Die Lokale sind fast immer vom Kino, Konzertsaal oder von der Galerie aus zu Fuß zu erreichen. Wenn Sie mehr über das einzelne Restaurant wissen möchten, schlagen Sie einfach die Seite auf, deren Zahl Sie hinter der jeweiligen Lokalität finden.

Theater, Musical, Cabaret

Allee-Theater, Max-Brauer-Allee 7, Altona, Tel. 38 29 59
- Stocker, Max-Brauer-Allee 80, Altona, Tel. 38 61 50 58. S. 60

Altonaer Theater, Museumsstr. 17, Altona, Tel. 39 90 58 70
- Lo Spuntino, Lobuschstr. 26, Ottensen, Tel. 390 42 44. S. 39
- Ugarit, Max-Brauer-Allee 12, Altona Tel. 380 56 18. S. 61

Buddy Musicaltheater, Norderelbstr. 6, Freihafen, Tel. 31 78 07-0 (erreichbar mit Fähre ab Landungsbrücken)
- Old Commercial Room. Englische Planke 10, Neustadt, Tel. 36 63 19. S. 11 (Fünf Min. Fußweg)
- Fischmarkt, Ditmar-Koel-Str. 1, Neustadt, Tel. 36 38 09. S. 11
- Man Wah, Spielbudenplatz 18, St. Pauli, Tel. 319 25 11. S. 9 (Fünf Min. Fußweg)

Delphi Musik Theater, Eimsbütteler Chaussee 5, Eimsbüttel, Tel. 431 86 00
- Little Italy, Osterstr. 22, Eimsbüttel, Tel. 40 17 14 87. S. 49
- Vienna, Fettstr. 9, Eimsbüttel, Tel. 439 91 82. S. 50
- Harran, Eppendorfer Weg 9, Eimsbüttel, Tel. 439 39 53. S. 63

Deutsches Schauspielhaus, Kirchenallee 39, St. Georg, Tel. 24 87 13
- Yamato, Ernst-Merck-Str. 4, St. Georg, Tel. 24 79 04. S. 7
- Classic-Restaurant im Reichshof, Kirchenallee 34-36, St. Georg, Tel. 24 83 30. S. 31
- Al Campanile, Spadenteich 1, St. Georg, Tel. 24 67 38. S. 45

Ernst-Deutsch-Theater, Mundsburger Damm 60, Uhlenhorst, Tel. 22 70 14 20
- Jaipur, Lerchenfeld 14, Mundsburg Tel. 220 94 75. S.64
- Casa Angel, Humboldtstr. 41, Mundsburg Tel. 227 88 73. S. 69

Hamburger Kammerspiele, Hartungstr. 9-11, Rotherbaum, Tel. 41 33 44 44
- L'Auberge Française, Rutschbahn 34, Univiertel, Tel. 410 25 32. S.21
- Shalimar, Dillstr. 16, Univiertel, Tel. 44 24 84. S. 64

Hamburgische Staatsoper, Dammtorstr. 28, Neustadt, Tel. 35 17 21
- Jahreszeitengrill, im Hotel Vier Jahreszeiten, Neuer Jungfernstieg 9-14, Neustadt, Tel. 349 46 41. S. 37
- Vinorante Kaven, Stephansplatz 1, Neustadt, Tel. 35 71 00 07. S. 60
- Matsumi, Colonnaden 96, Neustadt, Tel. 34 31 25. S. 10

Hansa-Theater, Steindamm 17, St. Georg, Tel. 24 14 14
Pulverfaß Cabaret, Pulverteich 12, St. Georg, Tel. 24 97 91
- Bistrot le Souterrain, Ferdinand-Beit-Str. 7, St. Georg, Tel. 24 93 62. S. 18
- Il Buco, Zimmerpforte 5, St. Georg, Tel. 24 73 10. S. 41

Kampnagelfabrik, Jarrestr. 20-24, Winterhude, Tel. 27 09 49 49
- Mühlenkamper Fährhaus, Hans-Henny-Jahnn-Weg 1, Uhlenhorst, Tel. 220 69. S.15
- A table, Dorotheenstr. 33, Winterhude, Tel. 280 76 98. S. 57
- Chez Jaques, Gertigstr. 42, Winterhude, Tel. 279 29 38. S. 19

Komödie Winterhuder Fährhaus, Hudtwalckerstr. 13, Winterhude, Tel. 48 06 80 80
- Le Provençale, Lattenkamp 8, Winterhude, Tel. 513 38 28. S. 18
- Praha, Dorotheenstr. 180, Winterhude, Tel. 46 96 15 47. S. 29
- Da Carlo, Hudtwalckerstr. 37, Winterhude, Tel. 46 09 20. S. 45

Neue Flora, Stresemannstr. 159a, Altona, Tel. 0180-544 44
- Anno 1905, Holstenplatz 17, Altona, Tel. 439 25 35. S. 16
- Casa Maria, Juliusstr. 6, Schanzenviertel, Tel. 43 87 83. S. 67

Ohnsorg-Theater, Große Bleichen 23, Neustadt, Tel. 35 08 03 21
- Rialto, Michaelisbrücke 3, Neustadt, Tel. 36 43 42. S. 34
- Il Ristorante, Große Bleichen 16, Neustadt, Tel 34 33 35. S. 40

Operettenhaus (Cats), Spielbudenplatz 1, St. Pauli, Tel. 0180-544 44
St. Pauli-Theater, Spielbudenplatz 29/30, St. Pauli, Tel. 31 39 01
Schmidts, Spielbudenplatz 24,
u. Schmidts Tivoli, Spielbudenplatz 27/28, St. Pauli, Tel. 31 77 88 99
- Man Wah, Spielbudenplatz 18, St. Pauli, Tel. 319 25 11. S. 9
- Cuneo, Davidstr. 11, St. Pauli, Tel. 31 25 80. S. 41
- Ashoka, Budapester Str. 25, St. Pauli, Tel. 31 28 34. S. 61

Thalia Theater, Gerhard-Hauptmann-Platz/Alstertor, Altstadt, Tel. 32 81 44 44
- Sinoma, Im Levantehaus, Mönckebergstr. 7, Altstadt, Tel. 32 52 62 16. S. 10
- Paquebot, Gerhard-Hauptmann-Platz 70, Altstadt, Tel. 32 65 19. S. 35
- Vero, Domstr. 17-19, Altstadt, Tel. 33 90 51. S. 40

Theater im Zimmer, Alsterchaussee 30, Harvestehude, Tel. 450 09 68
- Prinz Frederik Room, im Hotel Abtei, Abteistr. 14, Harvestehude, Tel. 44 29 05. S. 27
- Ventana, Grindelhof 77, Harvestehude, Tel. 45 65 88. S. 59

Theater in der Basilika, Borselstr. 16, Ottensen, Tel. 390 46 11
- Alfred, Große Brunnenstr. 61a, Ottensen, Tel. 390 85 69. S. 17
- Stadtcafé Ottensen, Behringstr. 41-44, Ottensen, Tel. 39 90 36 03. S. 34
- Eisenstein, Friedensallee 9, Ottensen, Tel. 390 46 06. S. 35

Kinos

Abaton, Allendeplatz 3, Rotherbaum, Tel. 41 32 03 20
- Raw like sushi, Grindelallee 134, Univiertel, Tel. 45 79 31. S. 5
- L'Espresso Bar, Grindelhof 45, Univiertel, Tel. 44 79 89. S. 43
- Shalimar, Dillstr. 16, Univiertel, Tel. 44 24 84. S. 64

Alabama-Kino auf Kampnagel, Jarrestr. 20-23, Winterhude, Tel. 27 40 27
- Mühlenkamper Fährhaus, Hans-Henny-Jahnn-Weg 1, Uhlenhorst, Tel. 220 69 34. S.15
- A table, Dorotheenstr. 33, Winterhude, Tel. 280 76 98. S. 57
- Chez Jaques, Gertigstr. 42, Winterhude, Tel. 279 29 38. S. 19

Cinemaxx, Dammtordamm 1, Neustadt, Tel. 35 55 45 55
- Jahreszeitengrill, im Hotel Vier Jahreszeiten, Neuer Jungfernstieg 9-14, Neustadt, Tel. 349 46 41. S. 37
- Doc Cheng, im Hotel Vier Jahreszeiten, Neuer Jungfernstieg 9-14, Neustadt, Tel. 349 43 33. S. 38
- Vinorante Kaven, Stephansplatz 1, Neustadt, Tel. 35 71 00 07. S. 60

3001, Schanzenstr. 75, Schanzenviertel, Tel. 43 76 79
- Galerie Tolerance, Lerchenstr. 103, Schanzenviertel, Tel. 43 73 30. S.8
- Zur Schlachterbörse, Kampstr. 42, Schanzenviertel, Tel. 43 65 43. S. 15
- La Rioja, Schanzenstr. 72, Schanzenviertel, Tel. 43 42 96. S. 70

Grindel-Filmtheater, Grindelberg 7 a, Rotherbaum, Tel. 44 93 33
- L'Auberge Française, Rutschbahn 34, Univiertel, Tel. 410 25 32. S.21
- Zeik, Oberstr. 14 a, Harvestehude, Tel. 420 40 14. S. 59

Holi-Filmtheater, Schlankreye 69, Rotherbaum, Tel. 422 30 40
- Zeik, Oberstr. 14 a, Hoheluft, Tel. 420 40 14. S. 59
- El Amir, Hoheluftchaussee 75, Hoheluft, Tel. 42 91 38 83. S.64

Metropolis, Dammtorstr. 30, Neustadt, Tel. 34 23 53
UFA-Palast, Gänsemarkt 45, Neustadt, Tel. 35 71 19 22
- Matsumi, Colonnaden 96, Neustadt, Tel. 34 31 25. S. 10
- Casse-Croûte, Büscherstr. 2, Neustadt, Tel. 34 33 73. S. 31
- Oca Nera, Gänsemarkt 21-23, Neustadt, Tel. 35 71 44 50. S 43

Neues Cinema, Steindamm 45, St. Georg, Tel. 24 57 00
- Bistrot le Souterrain, Ferdinand-Beit-Str. 7, St. Georg, Tel. 24 93 62. S. 18
- Il Buco, Zimmerpforte 5, St. Georg, Tel. 24 73 10. S. 41
- Cox, Lange Reihe 68 u. Greifswalder Str. 43, St. Georg, Tel. 24 94 22. S. 51

Passage, Mönckebergstr. 17, Altstadt, Tel. 32 41 39
- Sinoma, Im Levantehaus, Mönckebergstr. 7, Altstadt, Tel. 32 52 62 16. S. 10
- Paquebot, Gerhard-Hauptmann-Platz 70, Altstadt, Tel. 32 65 19. S. 35
- Vero, Domstr. 17-19, Altstadt, Tel. 33 90 51. S. 40

Streit's-Filmtheater, Jungfernstieg 38, Neustadt, Tel. 34 60 51
- Tao, Poststr. 3, Neustadt, Tel. 34 02 30. S. 5
- Il Ristorante, Große Bleichen 16, Neustadt, Tel. 34 33 35. S. 40

Studio, Bernstorffstr. 93, St. Pauli, Tel. 439 29 62
- Bok, Schulterblatt 3, Schanzenviertel, Tel. 43 18 35 97. S. 8
- Nil, Neuer Pferdemarkt 5, St. Pauli, Tel. 439 78 23. S. 51
- Suryel, Thadenstr. 1, St. Pauli, Tel. 439 84 22. S. 71

Warner Village, Hamburger Str. 9, Mundsburg, Tel. 227 04 22
- Jaipur, Lerchenfeld 14, Mundsburg, Tel. 220 94 75. S.64
- Casa Angel, Humboldtstr. 41, Mundsburg, Tel. 227 88 73. S. 69

UCI Kinowelt, Baurstr. 2, Othmarschen, Tel. 88 18 21 83 (nur mit Auto erreichbar)

Zeise, Friedensallee 7-9, Ottensen, Tel. 390 87 70
- Alfred, Große Brunnenstr. 61a, Ottensen, Tel. 390 85 69. S. 17
- Voltaire, Friedensallee 14-16, Ottensen, Tel. 39 70 04. S. 19
- Stadtcafé Ottensen, Behringstr. 41-44, Ottensen, Tel. 39 90 36 03. S. 34

spanisch & portugiesisch

Taparia con Carvalho

Der genusssüchtige Pepe Carvalho, Held in Montalbans berühmten Kriminalromanen, würde sich in der nach ihm benannten „Taparia" sicher wohlfühlen. Hier dreht sich alles um Tapas, die berühmten spanischen Appetithäppchen. Am Herd steht eine Deutsche, doch ihre „Fans" behaupten, dass ihre Vorspeisenkreationen besser schmecken als die mancher „echter" Spanier. Auf dem bunt gemischten Tapas-Teller des Tages finden sich marinierter Fisch, Stockfischbällchen, Ensalata russa, gegrillte Sardellen und vieles andere. Natürlich kann sich der Gast auch seinen eigenen Tapas-Teller zusammenstellen. Danach ist in der Regel kaum noch Platz für eines der leckeren Hauptgerichte, aber das wird auch nicht erwartet. Ein Brandy ist ein würdiger Abschluss ganz im Sinne des trinkfesten Pepe Carvalho.

Brauerknechtgraben 45,
Neustadt,
Tel. 37 51 98 75,
Mo-Fr 16.30-24,
Sa 18-1 Uhr.
Tapas-Teller DM 14,50
Gegrillte Meerbarben DM 20,50
Mallorquinische Mandeltorte DM 5

Café Central

Der Name wird dem netten Lokal hinter dem Rathaus nur teilweise gerecht. Tatsächlich handelt es sich um ein familiäres portugiesisches Restaurant. Auf jeden Fall ist das vor einem Jahr eröffnete fröhlich-bunte Etablissement eine Bereicherung für die Innenstadt. Senhor Fernando, den man hinter der Durchreiche zur Küche eifrig brutzeln sehen kann, präsentiert die Spezialitäten seines Heimatlandes außergewöhnlich frisch und appetitlich – Öl und Knoblauch werden eher sparsam dosiert. Auf dem gemischten großen Tapas-Teller liegen köstliche Stockfischbällchen neben mariniertem Fisch und Gemüse. Der Patron ist ein Stockfisch-Spezialist. Er beherrscht zahllose Varianten dieser unterschätzten Delikatesse. Auf der Tageskarte findet sich aber z.B. auch ein gegrilltes Rumpsteak nach Lissaboner Art, auf dem traditionell ein Spiegelei liegt.

Große Bäckerstr. 4,
Altstadt,
Tel. 37 51 82 80,
Mo-Fr 9-22,
Sa 10.30-23 Uhr.
Tapas-Teller DM 15,50
Rumpsteak Lissabonner Art DM 21,50
Flan DM 6,50

spanisch & portugiesisch

Casa Maria

In dem portugiesischen Familienbetrieb im Schanzenviertel gibt es keinen Souvenir-Kitsch wie in anderen iberischen Restaurants. Auch die Speisekarte ufert nicht aus, es wird ganz auf Qualität gesetzt: In der Vitrine im Eingang liegen die Fische des Tages auf Eis gebettet, und auf kleinen mit Kreide beschriebenen Tafeln sind die aktuellen Angebote aufgelistet. Die Standardkarte verzeichnet auch Stockfischgerichte, darunter Marias eigene Bacalhao-Kreation mit Äpfeln, Zwiebeln und Sahne, die sich unter Stammgästen großer Beliebtheit erfreut. Die Fisch-Tapas bieten fast alles, was das Fischernetz hergibt: Calamares, Sardinen, Scampis und vieles mehr. Wer etwas ganz Besonderes sucht, sollte den im Tontopf geschmorten Fasan probieren. Zum Dessert überrascht die Patronin ihre Gäste mit einer üppigen Schokoladentorte.

Juliusstr. 6,
Schanzenviertel,
Tel. 43 87 83,
Di-Fr 18-24,
Sa, So 12-15 u. 18-24 Uhr.
Fischtapas DM 19,50
Bacalhao nach Art von Maria DM 26
Schokoladentorte DM 7

Méson Galizia

Wer in die „Méson Galizia" möchte, sollte die Reise nach Harburg nicht auf gut Glück antreten. Das auf den ersten Blick traditionelle spanische Restaurant ist immer ausgebucht, deshalb ist eine Reservierung dringend zu empfehlen. Landschaftsmalerei an der Wand, Fischernetze – die übliche Folklore? Der Schein trügt. Hier wird viel besser gekocht als beim durchschnittlichen Iberer. Die Tapas sollte man sich nicht entgehen lassen. In brodelnden Tonschüsselchen locken Champignons in Knoblauchöl und Venusmuscheln in aromatischem Sud. Datteln im Speckmantel, luftgetrockneter Schinken und Oliven mit Brot und Aioli runden den Genuss ab. Danach bietet sich z.B. eine gegrillte Dorade an oder ein Hirschkalbsrücken in Madeirasauce. Eine klassische Crema catalana zum Dessert, und die Fahrt in den Süden hat sich gelohnt.

Maretstr. 60, Harburg,
Tel. 766 63 15,
Mo, Mi-Sa 17-24,
So 12-24 Uhr.
Tapas-Teller DM 16
Gegrillte Dorade DM 26
Crema Catalana DM 6

spanisch & portugiesisch

Beira Rio

In diesem rustikalen „Portugiesen" wird eine authentische, familiäre Atmosphäre gepflegt. Auf die Übertragung eines wichtigen Fußballspiels muss der Fan beim Essen nicht verzichten, zumal die Gerichte selbst keine besondere Aufmerksamkeit beanspruchen. Vorweg gibt es es einen Berg gegrillter Sardinen oder auch eine passable Fischsuppe. Von den Steaks mit Kartoffeln ist noch jeder satt geworden, und auch Fischfans werden nach dem Verzehr eines Fisch-Grilltellers zögern, den obligatorischen Flan zum Nachtisch zu bestellen.

Reimarusstr. 13,
Neustadt,
Tel. 31 36 26,
Mo-So 12-24 Uhr.
Gegrillte Sardinen DM 10
Beefsteak mit frittierten
Kartoffeln DM 19
Grill-Fisch-Teller
DM 21,50

Casa Angel

Die besten kulinarischen Adressen finden sich manchmal dort, wo man sie am wenigsten vermutet. So ist das auch mit diesem nahe dem Einkaufszentrum Hamburger Straße beheimateten spanischen Lokal. Señor Angel Barroso und seine „Casa", bis vor kurzem noch ein echter Geheimtipp, ist dabei, sich einen Namen zu machen. Dafür sorgen seine feine Küche, z.B. die wahlweise mit Hackfleisch oder mit Stockfisch gefüllten Corno-Paprika oder eine in Rioja geschmorte Lammschulter, und die überaus aufmerksame Bewirtung.

Humboldtstr. 41, Mundsburg, Tel. 227 88 73,
Mo-Fr 12-15 u. 18-23,
Sa 18-24 Uhr.
Pimientos rellenos (gefüllte Paprika) DM 15
Lammschulter in Rioja
geschmort DM 24,50
Crema Catalana DM 8,50

Casa de Aragon

Spanische Stadtansichten, Landkarten und sogar eine Fahne schmücken das Lokal. Der so demonstrierte Nationalstolz wird durch die Leistung des traditionell kochenden Küchenteams gerechtfertigt. Natürlich können diverse Tapas den Auftakt bilden, aber eine Avocado auf andalusische Art mit würzigem Joghurt-Dip ist eine willkommene Abwechslung. Fisch und Fleisch sind gleichermaßen gelungen, ob Baby-Steinbutt auf Blattspinat oder eine Entenbrust in Feigensauce.

Eppendorfer Weg 240,
Eppendorf, Tel. 420 29 03,
Mo-So 18-24 Uhr.
Avocado andalusisch
DM 9,80
Baby-Steinbutt auf Blattspinat DM 31,50
Entenbrust DM 30,50

spanisch & portugiesisch

Marbella

Dorotheenstr. 104,
Winterhude,
Tel. 25 57 57,
Di-So 18-24 Uhr.
Miesmuscheln DM 17,50
Seeteufel vom Grill
DM 33,50
Flan DM 6,50

Das nach dem Prominenten-Badeort benannte Lokal kann mittlerweile auf ein Vierteljahrhundert Erfahrung zurückblicken – darauf weist eine Medaille am Eingang hin. Die dezente Einrichtung ist vermutlich dem Geschmack des Winterhuder Publikums angepasst, bei der Musikauswahl kann der Patron jedoch den Spanier in sich nicht verleugnen: Julio Iglesias gehört zu seinen Favoriten. Seeteufel und Tintenfisch kommen besonders zart und saftig vom Grill. Der Patron berät den Gast gern bei der Weinauswahl.

El Toro

Kleiner Schäferkamp 21,
Eimsbüttel, Tel. 45 95 51,
Mo-Fr 18-23.30,
Sa, So 17-23.30 Uhr.
Vorspeisenteller 24,50
Kaninchen in Paprika-
Tomatensauce DM 25,50
Flan DM 8,50

Rustikal und gemütlich geht es in den engen Räumen dieses „Spaniers" zu: Holzmöbel, liebevoll eingedeckte Tische, Kerzenlicht und dezente Hintergrundmusik sorgen für einen angenehmen Rahmen. Der Gast wird herzlich empfangen, und noch bevor man sich in die hübsch bemalte Speisekarte vertieft hat, steht ein Begrüßungstrunk auf dem Tisch. Der reich bestückte Vorspeisenteller allein könnte schon eine Kleinfamilie sättigen, es wäre aber schade um das Kaninchen in scharfer Paprika-Tomatensauce.

La Rioja

Schanzenstr. 72,
Schanzenviertel,
Tel. 43 42 96,
Mo-So 18-24 Uhr.
Gebratene Artischocke
mit Schinken DM 10
Schweinefilet in Orangen-
sauce DM 24,50

Der Wirt lässt sich gern auf eine Plauderei mit seinen Gästen ein und kommt damit den Vorstellungen von spanischer Gastlichkeit entgegen. Die Qualität des Essens leidet jedenfalls nicht darunter. In dem gemütlichen Souterrain-Lokal herrscht in der Küche neuerdings wieder ein frischer Wind. Dem haben wir eine so exzellente Vorspeise wie die gebratene Artischocke mit Schinken zu verdanken oder auch das zarte Schweinefilet in herber Orangensauce.

vegetarisch

Café Luminis

Für die Vegetarier der umliegenden Büros ist das bescheidene Café-Restaurant ein Segen. Die kleine täglich wechselnde Karte verzeichnet nur drei Hauptgerichte, zwei Suppen, einen Salat und zwei, drei Desserts. Eine Suppe ist in jedem Fall eine gute Wahl, ob Kartoffel-Möhrensuppe oder Blumenkohl-Lauchcremesuppe. Natürlich dreht sich auch bei den Hauptgerichten alles ums Gemüse, auf Fleischersatz-Produkte wird ganz verzichtet.

Mittelweg 145,
Pöseldorf,
Tel. 45 57 58,
Mo-So 10-22 Uhr.
Blumenkohl-Lauchcremesuppe DM 8,50
Geschmorte Paprika mit Polenta DM 17,50

Suryel

Auf den ersten Blick ist das „Suryel" nicht als vegetarisches Restaurant erkennbar. Der große, hübsch eingerichtete Raum ist kein Treffpunkt für eine verschworene Gemeinschaft, sondern offen für alle. Schließlich bieten Tofu in Kräuterkruste mit Rosmarinkartoffeln oder Seitan „Stroganoff" eine gesündere Grundlage für einen Kneipen-Bummel als Pommes und Currywurst. Das bunt gemischte Publikum fühlt sich hier so wohl, dass manche den Abend noch auf der hauseigenen Kegelbahn im Keller fortsetzen.

Thadenstr. 1, St. Pauli,
Tel. 439 84 22, Mo-Fr 11-2, Sa ab 11, So ab 12 Uhr.
Tofu in Kräuterkruste DM 19,50
Seitan Stroganoff DM 19,50
Fliederbeersuppe mit Grießnocken DM 8

Tassajara

Im eleganten Ableger der „Goldenen Oase" in Eppendorf ist fast alles erlaubt. Hier gibt es sogar Fischgerichte, Weintrinker sind willkommen, und auch Raucher werden geduldet. Üppige Salate mit Cashewkernen, Avocado und gegrillten Austernpilzen begeistern ebenso wie Wildlachs-Terriyaki mit Shitakepilzen. Das „Tassajara" behauptet seine Position als „Edel"-Vegetarier. Hier ist alles ein bisschen variantenreicher als anderswo, und die Küche scheut nicht den Aufwand, das Eis zur gebackenen Ananas selber herzustellen.

Eppendorfer Landstr. 4,
Eppendorf, Tel. 43 38 90,
Mo-So 18-24 Uhr.
Großer Salat DM 14,50
Wildlachs-Terriyaki DM 31,50
Gebackene Ananas mit Eis DM 9,90

vegetarisch

Goldene Oase

Hamburgs ältestes vegetarisches Restaurant legt die strengsten Maßstäbe an. Alkohol ist ebenso tabu wie Zigarettenqualm. Die Atmosphäre – esoterische Klänge, Gespräche im Flüsterton – mag Nicht-Insidern fremdartig vorkommen. Aber wen das nicht abschreckt, der findet in der Oase eine hervorragende Vollwertküche. Die Gerichte tragen so poetische Namen wie „Auberginentraum" oder „Pilzwiese". Zum Dessert gibt es eine „Yogi-Wolke", Vanille-Eis in kaltem Yogi-Tee.

Eppendorfer Baum 34,
Eppendorf, Tel. 48 38 01,
Mo-So 12-20.30 Uhr.
Auberginentraum
DM 20,50
Pilzwiese DM 18,50
Yogi-Wolke DM 6

Zorba the Buddha

In den Hinterhof im Karolinenviertel pilgern nicht nur Bhagwan-Jünger, auch wenn ein überlebensgroßes Porträt des Meisters die Wand schmückt. Das Lokal gilt unter Kennern als eine bevorzugte Anlaufstelle für vegetarische Küche. Natürlich stammen alle Zutaten aus kontrolliert-biologischem Anbau. Dass auf die Mikrowelle zum Aufwärmen verzichtet wird, macht sich manchmal an den Wartezeiten bemerkbar. Aber mit der „Zorba-Platte" ist der Gast auch lange beschäftigt: Neben Seitanspießen und Mini-Pizza türmen sich gebratener Tofu und Austernpilze.

Karolinenstr. 7-9,
Karolinenviertel,
Tel. 439 47 62,
Mo-Sa 12-24,
So 11-24 Uhr.
Miso-Suppe DM 6,50
Vollkorn-Pizza DM 13,50
Zorba-Platte DM 26

Thymaro

Thymian, Majoran und Rosmarin bilden den Namen des Restaurants, das tagsüber als Nachbarschaftscafé genutzt wird. Die provenzalischen Kräuter finden sich in einem Brotaufstrich wieder, der vorweg gereicht wird. Die Küche in diesem netten Lokal geht neue Wege: Zur klassischen Mozzarella-Tomate-Kombination werden Mango und Chili gereicht – interessant, aber gewöhnungsbedürftig. Der kubanische Klavierspieler hat bereits eine treue Fangemeinde.

Stellinger Weg 47,
Eimsbüttel,
Tel. 40 17 16 19,
Mo-So 18-1 Uhr.
Mozzarella-Tomate mit
Mango u. Chili DM 14,50
Spargelrisotto DM 21,50
Dessertvariation DM 14,50

Für 13 Städte von Berlin bis München

Berlin
Dresden/Leipzig
Düsseldorf
Hamburg
Hannover
Kiel-Lübeck
Köln/Bonn
München
Nürnberg
Rhein-Main-Gebiet
Rhein-Neckar-Dreieck
Ruhrgebiet
Stuttgart

Einkaufstipps von Profis

Sie möchten Sushi zubereiten, wissen aber nicht, wo Sie grünen Wasabi-Meerrettich bekommen? Insider der kulinarischen Szene der Region und Profi-Köche verraten Ihnen in diesem Buch, wo sie in Ihrer Nähe erlesene Zutaten kaufen.
Jeder Band DM 14,80. Zu beziehen im Buchhandel.

COMPANIONS

restaurants von a bis z

A table 57	Cölln's 26	Jaipur 64
Al Campanile 45	Come Prima 44	Jena Paradies 54
Al Pincio 44	Cox 51	L'Auberge Française 21
Alfred 17	Cuneo 41	L'Espresso Bar 43
Alfredo 44	Curio 53	Le Canard 25
Alsterpalais 38	Da Carlo 45	La Luna 39
Alt Hamburger	Das Weiße Haus 30	La Mer 23
Aalspeicher 11	Doc Cheng 38	La Mirabelle 21
Anno 1905 16	Dominique 19	La Rioja 70
Apples 37	Eisenstein 35	La Scala 49
Ashoka 61	El Amir 64	La Vite 45
Atlantic Restaurant 26	El Toro 70	Lambert 54
Atlas 55	Erich 57	Landhaus Scherrer 23
Bar Hamburg 30	Fischereihafen-	Laxy's 33
Beira Rio 69	restaurant 26	Le Plat du jour 18
Bistrot le Souterrain 18	Fischküche 15	Le Provençal 18
Bok 8	Fischmarkt 11	Lilienthal 34
Brücke 37	Freudenhaus 13	Little Italy 49
Café Central 65	Galerie Tolerance 8	Lo Spuntino 39
Café Luminis 71	Goldene Oase 73	Lubov 29
Café Schwanenwik 30	Graceland 31	Mamma Mia 49
Calla 22	Haerlin im Hotel	Man Wah 9
Casa Angel 69	Vier Jahreszeiten 25	Manee Thai 7
Casa de Aragon 69	Harran 63	Marbella 70
Casa Maria 67	Il Buco 41	Marinas 59
Casse-Croûte 31	Il Gabbiano 47	Marinehof 33
Chez Jacques 19	Il Ristorante 40	Matsumi 10
Classic-Restaurant	Il Sole 47	Méson Galizia 67
im Hotel Reichshof 31	Jacobs Restaurant 22	Mess 50

stadtteile

Mühlenkamper Fährhaus 15
Nil 51
Oca Nera 43
Old Commercial Room 11
Osteria Due 27
Paquebot 35
Praha 29
Prinz Frederik Room 27
Raw like sushi 5
Restaurant Markgraf 13
Rialto 34
Ristorante Roma 47
Rive 35
Rexrodt 53
Sagebiels Fährhaus und Chen 37
Sai Gon 7
Sala Thai 9
Sale e Pepe 43
Saliba 63
San Michele 41
Shalimar 64
Shikara 61
Sinoma 10
Stadtcafé Ottensen 34
Stock's Fischrestaurant 55
Stocker 60
Suryel 71
Tafelhaus 27
Tao 5
Taparia con Carvalho 65
Tassajara 71
Thymaro 73
Ti Breizh - Haus der Bretagne 17
Tibet 10
Trader Vic's 33
Ugarit 61
Ventana 59
Vero 40
Vienna 50
Vinorante Kaven 60
Voltaire 19
Wa-Yo 9
Williamine 54
Wollenberg 57
Yamato 7
Zeik 59
Zippelhaus 55
Zorba the Buddha 73
Zum Wattkorn 16
Zur Schlachtbörse 15

stadtteile

Alsterdorf
   Alsterpalais 38
Altona
   Anno 1905 16
   Fischereihafen-restaurant 26
   Rive 35
   Stocker 60
   Tibet 10
   Ugarit 61
Altstadt
   Al Pincio 44
   Alt Hamburger Aalspeicher 11
   Apples 37
   Café Central 65
   Cölln's 26
   Le Plat du jour 18
   Paquebot 35
   Sala Thai 9
   Sinoma 10
   Ti Breizh - Haus der Bretagne 17
   Vero 40
   Zippelhaus 55
Bahrenfeld
   Alfredo 44

stadtteile

Atlas 55
Graceland 31
Saliba 63
Tafelhaus 27

Bergedorf
Laxy's 33

Blankenese
Manee Thai 7
Sagebiels Fährhaus und Chen 37

Eimsbüttel
El Toro 70
Harran 63
Little Italy 49
Thymaro 73
Vienna 50
Williamine 54

Ellerbek
Stock's Fischrestaurant 55

Eppendorf
Brücke 37
Casa de Aragon 69
Come Prima 44
Goldene Oase 73
Il Gabbiano 47
La Scala 49
Sai Gon 7
Shikara 61
Tassajara 71

Groß-Borstel
Restaurant Markgraf ..13

Harburg
Marinas 59
Méson Galizia 67

Harvestehude
Prinz Frederik Room ..27
Ventana 59

Hoheluft
El Amir 64
Zeik 59

Karolinenviertel
La Luna 39
Mess 50
Zorba the Buddha 73

Langenhorn
Zum Wattkorn 16

Mundsburg
Casa Angel 69
Jaipur 64

Neustadt
Beira Rio 69
Calla 22
Casse-Croûte 31
Doc Cheng's 38
Dominique 19
Fischküche 15
Fischmarkt 11
Haerlin im Hotel Vier Jahreszeiten 25
Il Ristorante 40

Lilienthal 34
Marinehof 33
Matsumi 10
Oca Nera 43
Old Commercial Room 11
Rialto 34
San Michele 41
Tao 5
Taparia con Carvalho .65
Vinorante Kaven 60

Nienstedten
Il Sole 47
Jacobs Restaurant 22

Osdorf
Lambert 54

Ottensen
Alfred 17
Eisenstein 35
Landhaus Scherrer 23
Le Canard 25
Lo Spuntino 39
Mamma Mia 49
Stadtcafé Ottensen 34
Voltaire 19

Övelgönne
Das Weiße Haus 30

Pöseldorf
Café Luminis 71
Osteria Due 27

77

draußen sitzen

Rotherbaum
- La Vite 45
- Trader Vic's 33
- Wollenberg 57

Schanzenviertel
- Bok 8
- Casa Maria 67
- Galerie Tolerance 8
- La Rioja 70
- Zur Schlachterbörse ... 15

St. Georg
- Al Campanile 45
- Atlantic Restaurant 26
- Bar Hamburg 30
- Bistrot le Souterrain ... 18
- Classic-Restaurant im Hotel Reichshof 31
- Cox 51

- Il Buco 41
- Jena Paradies 54
- La Mer 23
- Yamato 7

St. Pauli
- Ashoka 61
- Cuneo 41
- Erich 57
- Freudenhaus 13
- Lubov 29
- Man Wah 9
- Nil 51
- Suryel 71

Uhlenhorst
- Café Schwanenwik 30
- Mühlenkamper Fährhaus 15
- Rexrodt 53

- Ristorante Roma 47
- Wa-Yo 9

Univiertel
- Curio 53
- L'Auberge Française 21
- L'Espresso Bar 43
- La Mirabelle 21
- Raw like sushi 5
- Shalimar 64

Winterhude
- A table 57
- Chez Jacques 19
- Da Carlo 45
- Le Provençal 18
- Marbella 70
- Praha 29
- Sale e Pepe 43

draußen sitzen

- A table 57
- Alfred 17
- Alfredo 44
- Alsterpalais 38
- Apples 37
- Ashoka 61
- Atlas 55
- Bar Hamburg 30

- Brücke 37
- Café Luminis 71
- Casa Angel 69
- Casa de Aragon 69
- Casa Maria 67
- Come Prima 44
- Curio 53
- Das Weiße Haus 30

- Eisenstei 35
- El Toro 70
- Fischküche 15
- Fischmarkt 11
- Freudenhaus 13
- Graceland 31
- Harran 63
- Il Gabbiano 47

Il Sole 47
Jacobs Restaurant 22
Jena Paradies 54
L'Espresso Bar 43
La Luna 39
La Mer 23
La Rioja 70
La Scala 49
La Vite 45
Laxy's 33
Le Canard 25
Le Plat du jour 18
Lilienthal 34
Little Italy 49
Lubov 29
Manee Thai 7
Marbella 70
Marinas 59
Marinehof 33
Mess 50
Mühlenkamper Fährhaus 15
Nil 51
Oca Nera 43
Osteria Due 27
Paquebot 35
Praha 29
Restaurant Markgraf 13
Ristorante Roma 47
Rive 35
Sagebiels Fährhaus
und Chen 37
Sai Gon 7
Saliba 63
Stadtcafé Ottensen 34
Stock's Fischrestaurant ..55
Stocker 60
Suryel 71
Tafelhaus 27
Taparia con Carvalho 65
Ti Breizh -
Haus der Bretagne 17
Ugarit 61
Ventana 59
Vero 40
Vienna 50
Voltaire 19
Williamine 54
Zeik 59
Zorba the Buddha 73
Zum Wattkorn 16

essen nach 24 Uhr

Cuneo (bis 2 Uhr) 41
Doc Cheng's
(Fr, Sa bis 1 Uhr) 38
Eisenstein (bis 2 Uhr) 35
Fischküche
(bis 0.30 Uhr) 15
Fischmarkt (bis 0.30 Uhr) 11
Harran (bis 1 Uhr) 63
Lubov (Fr, Sa bis 2 Uhr) ..29
Man Wah (bis 3 Uhr) 9
Marinehof
(Fr, Sa bis 2 Uhr) 33
Mess (bis 1 Uhr) 50
Rexrodt (bis 1 Uhr) 53
Taparia con Carvalho
(Sa bis 1 Uhr) 65
Thymaro (bis 1 Uhr) 73
Vienna (bis 2 Uhr) 50
Williamine (bis 1 Uhr) ...54

impressum

Verlag: COMPANIONS Glänzer Linkwitz Wiskemann GmbH, Van-der-Smissen-Str. 2, 22767 Hamburg, Tel. 040-305 36-100, Fax 040-306 35-150, E-Mail: info@companions.de
Autorin: Cornelia Wend
Lektorat und Schlussredaktion: Claudia Thomsen
Schlusskorrektur: Ulrike Vedder
Titelgestaltung und Layoutkonzeption: Cornelia Prott
Titelfoto: StockFood (Stephan Clauss)
Produktion: Carin Behrens
Gesamtherstellung: Cuno Druck Calbe
Bildnachweise: Digital Stock (S. 4, 6, 24, 32, 36, 46, 58) PhotoDisc (S. 12, 14, 20, 28, 42, 56, 68), PhotoAlto (S. 48, 52, 62, 66, 72), Vignetten: Rüdiger Bremert
ISBN 3-89740-146-0
Wir danken: Hartmut Heincke, Diana Kaiser, Christine Ratsch, Saskia Schneider, Anja Steffens, Maria Luisa Witte und allen anderen, die zum Gelingen dieses Buches beigetragen haben.

© 1999 COMPANIONS Glänzer Linkwitz Wiskemann GmbH, Hamburg. Alle Rechte vorbehalten, auch die der auszugsweisen sowie fotomechanischen und elektronischen Vervielfältigung sowie der kommerziellen Adressen-Auswertung und Übersetzung für andere Medien. Anschrift für alle Verantwortlichen über den Verlag. Alle Fakten und Daten in diesem Buch sind sehr sorgfältig vor Drucklegung recherchiert worden. Sollten trotz größtmöglicher Sorgfalt Angaben falsch sein, bedauern wir das und bitten um Mitteilung. Herausgeber und Verlag können aber keine Haftung übernehmen.

Gedruckt auf 100 % chlorfrei gebleichtem Papier.